短视频+直播
电商文案策划与编写

王 萍 耿慧慧 王宇昕 编著

化学工业出版社

·北京·

内容简介

《短视频+直播：电商文案策划与编写》不仅结合了三位作者多年的实战心得，更是融合了三位作者数百名学生的运营体会，具体内容分为两部分。

一是短视频篇，从文案入门、文案标题、视频文案、封面设计、脚本编写和回复评论6个方面，对文案的基础知识以及短视频文案的制作进行了全面的解读。

二是直播篇，从直播策划、直播标题、语言表达、营销话术和直播内容5个方面，对直播内容的策划和文案内容的准备、制作进行了详细的说明。

本书不仅适合电商文案新手掌握文案策划和编写的基本方法，快速掌握电商文案创作的方法；更适合拥有一定电商文案策划经验的运营者，能提高短视频电商文案和直播电商文案的质量，为变现创造更好的条件。

图书在版编目（CIP）数据

短视频+直播：电商文案策划与编写/王萍，耿慧慧，王宇昕编著. —北京：化学工业出版社，2021.1（2024.9重印）
ISBN 978-7-122-38076-0

Ⅰ.①短… Ⅱ.①王…②耿…③王… Ⅲ.①网络营销 Ⅳ.①F713.365.2

中国版本图书馆CIP数据核字（2020）第244061号

责任编辑：刘 丹　　　　　　　装帧设计：北京壹图厚德网络科技有限公司
责任校对：边 涛　　　　　　　美术编辑：王晓宇

出版发行：化学工业出版社（北京市东城区青年湖南街13号　邮政编码100011）
印　　装：涿州市般润文化传播有限公司
710mm×1000mm　1/16　印张 13¼　字数 217千字　2024年9月北京第1版第2次印刷

购书咨询：010-64518888　　　　　　　售后服务：010-64518899
网　　址：http://www.cip.com.cn
凡购买本书，如有缺损质量问题，本社销售中心负责调换。

定　　价：58.00元　　　　　　　　　　　　　　　　　　版权所有　违者必究

前 言

近年来,随着大众行为越发移动化、碎片化,低门槛、低成本地分享生活趣事的短视频成了当下最火爆的娱乐方式之一,涌现出抖音、快手、秒拍、火山、西瓜、美拍、微视、小咖秀等短视频社交软件。通过短视频推广和销售商品已不再是新鲜事物。

2018年淘宝直播平台带货超过1000亿元,同比增速近400%,创造了一个全新的千亿元级消费市场。2018年加入淘宝直播的主播人数较前一年净增180%,月收入超过百万元的主播超过100人(数据来源于《2019年淘宝直播生态发展趋势报告》)。2019年号称直播电商元年,除了淘宝直播高速发展,抖音、快手等短视频平台也在快速抢占市场。越来越多的用户通过直播购买商品,没人愿意放弃这个市场,也不能放弃这个市场!

在短视频和直播中,文案起着关键性的作用。越来越多的运营者开始重视文案的创作。优秀的电商文案,不仅要有好的创意,更重要的是要准确描述与传达商品的卖点,满足消费者的心理需求,激发其购买欲。

优质文案是短视频和直播运营的内核,特别是直播文案,直接影响和决定着产品销量。全书内容丰富、条理清晰，通过短视频篇和直播篇两部分共11章的内容，全面系统地介绍了电商文案创作过程与技巧，按照电商文案实际创作流程循序渐进地讲解视频制作方法和直播技巧，采用理论知识和案例相结合的方法，使知识融会贯通。短视频篇包括快速了解文案策划的要点、优质文案标题的撰写方法、视频文案、封面打造、脚本编写和评论回复；直播篇包括选题策划、标题拟定、语言能力的锻炼、营销话术以及直播内容的创意性。

本书由北京电子科技职业学院王萍、耿慧慧、王宇昕编著，对高彪等人在编写过程中提供的帮助表示感谢。由于笔者知识水平有限，书中难免有疏漏之处，恳请广大读者批评、指正。

编著者

目录
CONTENTS

短视频篇

第1章 快速入门，文案策划

1.1 文案基础，快速认知 / 4
1.1.1 电商文案，概念解读 / 4
1.1.2 为何要做，电商文案 / 4
1.1.3 优秀文案，制作要求 / 7
1.1.4 优质文案，就一句话 / 9

1.2 文案创作，核心要点 / 10
1.2.1 挖掘痛点，解决问题 / 10
1.2.2 体现价值，满足需求 / 11
1.2.3 寻找话题，拉近距离 / 12
1.2.4 网络用语，贴近用户 / 13
1.2.5 短小精悍，快速传达 / 15
1.2.6 紧跟时事，抓住热点 / 16
1.2.7 使用产品，展示场景 / 16

第2章 文案标题，突出亮点

2.1 优质标题，这样来写 / 20
2.1.1 标题制作，3大要点 / 20
2.1.2 拟写标题，3个原则 / 21
2.1.3 借助词根，增加曝光 / 22
2.1.4 体现主旨，一眼看懂 / 22

2.2 吸睛标题，12种套路 / 23

2.2.1 福利发送，有利可图 / 23
2.2.2 价值传达，传授技巧 / 25
2.2.3 励志鼓舞，产生共鸣 / 26
2.2.4 揭露解密，吸引注意 / 27
2.2.5 视觉冲击，触动心灵 / 28
2.2.6 悬念制造，留下噱头 / 29
2.2.7 借势热点，主动造势 / 30
2.2.8 警告用户，发人深省 / 31
2.2.9 独家分享，特有资源 / 33
2.2.10 紧急迫切，促使行动 / 34
2.2.11 数字具化，直观把握 / 34
2.2.12 借助名人，表达观点 / 36

第3章 视频文案，吸引关注

3.1 不同文案，要求不同 / 40
3.1.1 促销文案，优惠醒目 / 40
3.1.2 新品文案，突出卖点 / 41
3.1.3 节日文案，营造氛围 / 41
3.1.4 活动文案，提高转化 / 43
3.1.5 个性文案，独特风格 / 43
3.1.6 主题文案，突出重点 / 44
3.1.7 预告文案，提前展示 / 45

3.2 文案表达，玩转文字 / 46
3.2.1 语义通俗，简单易懂 / 46
3.2.2 内容简洁，删除多余 / 47
3.2.3 少用术语，便于理解 / 48
3.2.4 主题突出，一目了然 / 49
3.2.5 思路清晰，逻辑顺畅 / 50
3.2.6 控制字数，全文显示 / 51

3.3 文案写作，主要禁区 / 52
3.3.1 中心不明，乱侃一通 / 52
3.3.2 有量没质，当成任务 / 53
3.3.3 书写错误，层出不穷 / 53
3.3.4 脱离市场，闭门造车 / 54
3.3.5 不能坚持，难以取胜 / 56

第 4 章 封面设计，抓人眼球

4.1 封面选择，考虑 3 点 / 58
4.1.1 紧密联系，视频内容 / 58
4.1.2 自成风格，拥有特色 / 59
4.1.3 根据规则，进行选择 / 59

4.2 封面制作，基本方法 / 60
4.2.1 后期处理，调整优化 / 61
4.2.2 固定模板，快速制作 / 64
4.2.3 设置封面，操作方法 / 64

4.3 制作封面，注意 8 点 / 70
4.3.1 制作使用原创封面 / 70
4.3.2 超级符号，贴上标签 / 71
4.3.3 文字说明，有效传达 / 71
4.3.4 景别选择，展现看点 / 73
4.3.5 画面构图，提升美感 / 73
4.3.6 色彩鲜艳，强化视觉 / 74
4.3.7 注意尺寸，大小合适 / 75
4.3.8 默认版面，竖版呈现 / 75

第 5 章 脚本编写，天马行空

5.1 10万+脚本，编写技巧 / 80
5.1.1 视频脚本，3 大类型 / 80
5.1.2 前期准备，确定思路 / 81
5.1.3 整体构建，编写流程 / 81
5.1.4 剧情策划，详细设定 / 82
5.1.5 人物对话，撰写设计 / 82
5.1.6 脚本分镜，细化内容 / 82
5.1.7 镜头景别，合理选择 / 83
5.1.8 了解运镜，掌握技巧 / 85

5.2 脚本内容，这么来写 / 87
5.2.1 根据规范，进行编写 / 87
5.2.2 围绕热点，生产内容 / 88
5.2.3 根据定位，精准营销 / 89
5.2.4 个性表达，博得关注 / 90
5.2.5 借助创意，留下印象 / 91

第 6 章 回复评论，营造氛围

6.1 评论运营，主要作用 / 94
6.1.1 评论数量体现流量 / 94
6.1.2 辅助完善视频内容 / 95
6.1.3 挖掘选题，提供方向 / 95

6.2 活跃氛围，增加评论 / 96
6.2.1 视频内容，引发讨论 / 97
6.2.2 设置话题，引导互动 / 98
6.2.3 内容通俗，产生共鸣 / 99
6.2.4 通过提问，增加回应 / 99
6.2.5 结合场景，吸引目光 / 100

6.3 回复评论，注意 8 点 / 101
6.3.1 认真回应，保证质量 / 101

6.3.2 积极回复，博取好感 / 101

6.3.3 寻找话题，继续讨论 / 102

6.3.4 语言风趣，获取点赞 / 103

6.3.5 提出问题，等待回答 / 104

6.3.6 重视细节，转化粉丝 / 104

6.3.7 面对吐槽，不要互怼 / 105

6.3.8 做好检查，避免错误 / 107

直播篇

第7章 直播策划，找准定位

7.1 借助直播，释放价值 / 110

7.1.1 细化市场，垂直定位 / 110

7.1.2 推动直播，各端渗透 / 111

7.1.3 直播创新，促进发展 / 111

7.1.4 标签设置，增加黏性 / 112

7.1.5 其他行业，带来增长 / 112

7.1.6 通过合作，实现双赢 / 113

7.2 直播形式，多种多样 / 113

7.2.1 布局重点，游戏娱乐 / 114

7.2.2 公益直播，传播正能量 / 115

7.2.3 电商直播，高效购物 / 115

7.2.4 农业直播，推广特产 / 116

7.2.5 音乐直播，分发音乐 / 117

7.2.6 电竞直播，衍生产品 / 118

7.2.7 教育直播，资源共享 / 119

7.2.8 科技直播，创新玩法 / 120
7.2.9 旅游直播，打造景点 / 121
7.2.10 答题直播，流量裂变 / 123

第 8 章 直播标题，勾起兴趣

8.1 7 条思路，展现特色 / 126
8.1.1 经验分享，授人以渔 / 126
8.1.2 专家讲解，树立权威 / 126
8.1.3 提出疑问，吸引注意 / 128
8.1.4 统计冲击，具化数据 / 129
8.1.5 十大总结，增强影响 / 130
8.1.6 同类对比，突出优势 / 130
8.1.7 流行词语，紧跟潮流 / 131

8.2 5 种取名，掌握规律 / 132
8.2.1 使用热词，增加曝光 / 132
8.2.2 借势传播，强化影响 / 137
8.2.3 利用数字，直观呈现 / 139
8.2.4 通过提问，调动好奇 / 141
8.2.5 修辞表达，提升语言 / 144

第 9 章 语言表达，锻炼口才

9.1 语言表达，能力培养 / 148
9.1.1 多方提高，语言能力 / 148
9.1.2 幽默风趣，折射涵养 / 149
9.1.3 直播内容，做好策划 / 150
9.1.4 粉丝提问，积极应对 / 152

9.2 提升技能，避免冷场 / 153
9.2.1 感谢之情，随时表达 / 153
9.2.2 把握尺度，适可而止 / 154
9.2.3 换位思考，为人着想 / 154

9.2.4 谦虚有礼，态度端正 / 155

9.3 销售语言，提高变现 / 155
9.3.1 提出问题，直击痛点 / 156
9.3.2 关注问题，增加购买 / 156
9.3.3 引入产品，解决问题 / 157
9.3.4 详细讲解，提高价值 / 158
9.3.5 降低门槛，击破防线 / 159

第10章 营销话术，引导销售

10.1 策划脚本，制定话术 / 162
10.1.1 直播大纲，规划方案 / 162
10.1.2 策划方案，直播有序 / 164
10.1.3 了解产品，展示卖点 / 166

10.2 通用话术，必须掌握 / 171
10.2.1 用户进入，表示欢迎 / 171
10.2.2 用户支持，表示感谢 / 171
10.2.3 通过提问，提高活跃 / 172
10.2.4 引导用户，为你助力 / 172
10.2.5 下播之前，传达信号 / 172

10.3 5种方法，促进销售 / 173
10.3.1 介绍产品，劝说购买 / 173
10.3.2 赞美用户，引导购买 / 174
10.3.3 强调产品，大力推荐 / 175
10.3.4 示范推销，亲身体验 / 175
10.3.5 限时优惠，心理压迫 / 177

10.4 回答问题，必备话术 / 178
10.4.1 X号宝贝，试用一下 / 178

10.4.2 主播情况，多高多重 / 179
10.4.3 产品尺码，是否适用 / 180
10.4.4 质问主播，没有理会 / 180
10.4.5 X 号宝贝，价格多少 / 180

第 11 章 直播内容，呈现创意

11.1 内容模式，两个要求 / 182
11.1.1 明确内容，找传播点 / 182
11.1.2 直播内容，应该真实 / 182

11.2 内外联系，确定方向 / 183
11.2.1 从内来看，专业素养 / 183
11.2.2 从外来看，迎合喜好 / 184

11.3 呈现产品，全面具体 / 185
11.3.1 全面呈现，展示实物 / 186
11.3.2 鲜明呈现，展示组成 / 187

11.4 特点热点，大胆展示 / 188
11.4.1 实际操作，更为直观 / 188
11.4.2 把握热点，占得先机 / 189
11.4.3 完美融合，特点热点 / 191

11.5 提供软需，实现增值 / 191
11.5.1 用户共享，获取好感 / 192
11.5.2 陪伴共鸣，增强黏性 / 192
11.5.3 边播边做，传授知识 / 192

11.6 其他内容，吸引眼球 / 194
11.6.1 用户参与，内容生产 / 194
11.6.2 邀请高手，丰富内容 / 194
11.6.3 CEO 上阵，更多期待 / 196
11.6.4 无边界内容，创新直播 / 196

短视频篇

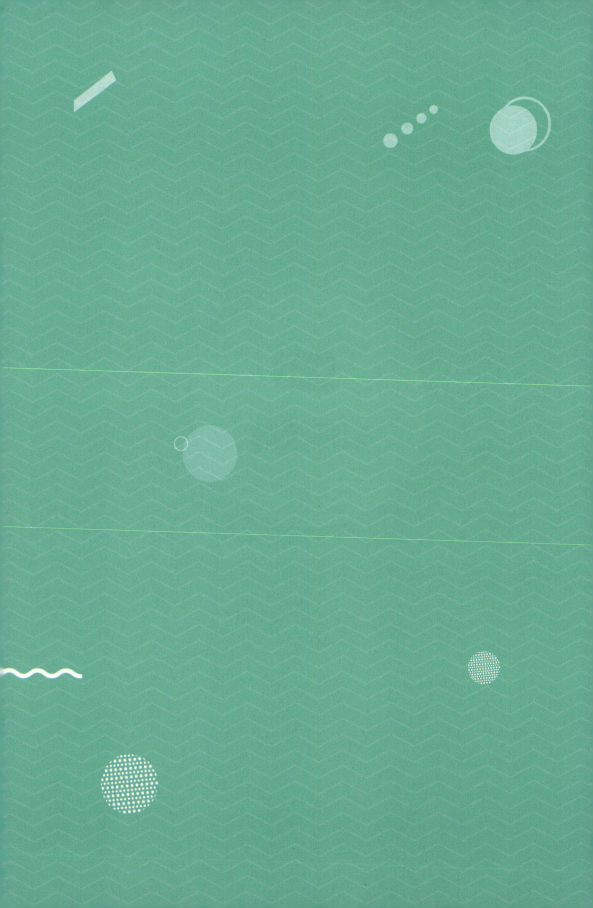

第1章
快速入门，文案策划

学前提示

电商运营者要想做好文案的策划，就得重点掌握文案的基础知识和文案创作的核心要点。因此，这一章就对文案的基础知识和文案创作的核心要点进行详细讲解，帮助大家快速入门文案策划。

1.1 文案基础，快速认知

短视频运营者要想创作出优质文案，先要了解文案的基础内容。这一节先讲解一下文案的基础知识，让大家快速对文案有一个整体的认知。

1.1.1 电商文案，概念解读

文案就是用文字、图片、视频等内容来表现创意，也指在公司里从事文字工作相关职位的人。

在实际的写作应用中，文案在内容上是"广告文案"的简称，由英文copywriter翻译而来。文案有广义和狭义的区别，如图1-1所示。而电商文案，则可以简单理解成为电子商务服务的文案。

图1-1 文案的概念

互联网的不断发展使网络平台的推广变得越来越普遍。基于此，越来越多的人开始使用短视频平台进行文案营销。短视频文案是在短视频平台上用短视频来体现广告创意和内容的一种宣传方式。

1.1.2 为何要做，电商文案

对于电商运营者来说，文案的创作无疑是一件费心费力，甚至还费钱的事。那么，电商运营者为什么还要积极进行电商文案的创作呢？这主要是因为电商文案能起到如下作用。

1. 提高产品销量

因为电商文案对产品的宣传和介绍，产品被越来越多的人所了解，自然就会有越来越多的人愿意购买产品。再加上许多短视频电商文案中会直接放置产品链接，为用户提供了便利的购买渠道。因此，只要产品有吸引力，其销量自然会快速提高。

图1-2所示为某短视频电商文案。可以看到,该短视频电商文案中插入了产品链接,用户只要点击该链接,便会弹出产品小卡片。如果用户要购买该产品,只需点击产品小卡片中的"去淘宝看看"按钮,便可进入商品购买界面。

图1-2 插入产品链接的短视频文案

2. 增加产品附加值

电商运营者可以通过文案来介绍产品,让用户看到产品的更多价值,从而有效增加产品的附加值。

图1-3所示的某短视频电商文案向用户介绍了一款漱口水。通常来说,漱口水的主要功能就是清洁口腔。但是,该文案介绍了这款漱口水的其他功能。比如,可以把漱口水倒在水杯里,当成牙刷清洁剂来用。这样一来,该漱口水在用户心中的附加值就提高了。

3. 增强品牌影响力

品牌运营商可以针对品牌推出专门的电商文案,通过电商文案的传播,增加品牌的影响力。

图1-4所示为OPPO推出的品牌短视频电商文案。可以看到,这条短视频电商文案获得了较高的点赞量。这也就代表这条短视频文案被许多短视频用户看到了,并且获得了许多用户的认同。而无论是文案被用户看到,还是获得用户认同,都能在一定程度上增加品牌的影响力。

图1-3 增加产品附加值的短视频文案　　图1-4 OPPO的品牌短视频电商文案

另外，一些短视频平台还有专门的品牌展示板块，这些板块会对平台上热度较高的品牌进行集中展示。这便让品牌有了更多的曝光机会，品牌的影响力也会因此增强。

例如，抖音短视频平台有一个用于展示品牌热度的"品牌热DOU榜"。用户进入抖音搜索界面，点击"更多"板块中的"品牌热DOU榜"，便可进入"品牌热DOU榜"界面，查看各行业品牌的热度排榜情况，如图1-5所示。

图1-5 抖音的"品牌热DOU榜"

4. 对店铺进行宣传

对于拥有自有店铺的电商运营者来说，电商文案是一种有效宣传店铺的手段。电商运营者可以通过文案，将用户引导至自己的店铺中。

例如，一位电商运营者在自己发布的短视频中插入了产品链接，用户点击该产品链接进入淘宝商品详情界面（操作过程同图1-2）。用户只需向下滑动界面，便可看到带有店铺标志的图标，如图1-6所示。用户点击该图标便可进入该店铺的首页，如图1-7所示。这样便成功将用户引导至自己的店铺了。

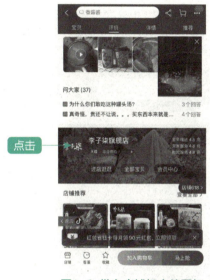

图1-6 带有店铺标志的图标

图1-7 某店铺的首页

1.1.3 优秀文案，制作要求

对于大多数电商运营者来说，制作一个电商文案并不难，难的是制作一个优秀的文案，实现产品销量和品牌（或店铺）影响力的同步提升。优秀的文案需要满足如下4个要求。

1. 表达准确无误

无论是哪种文案，表达准确无误都是最基本的要求。这需要做到两点：一是内容的正确性，即文案中不能出现明显的错误；二是逻辑要通顺，不能为了推销产品就强加联系。

表达准确无误体现的是电商运营者自身的态度，如果你的电商文案做不到表达准确无误，用户很可能会觉得你的态度不够端正。这样的话，用户又怎么会信任你的产品呢？

2. 突出产品卖点

产品的卖点就是产品优势的重要体现。通常来说，用户在购买产品时，都会选择几个同类产品进行对比。如果你的电商文案中，产品的卖点不够突出，用户难以被吸引，用户很可能就会放弃购买你的产品。

图1-8所示的短视频通过突出产品"稳固性好，可以避免宝宝从床上掉落""带软包防撞条，可以有效避免宝宝撞伤"等卖点，来体现产品的优势。

图1-8 突出产品优势

3. 塑造良好口碑

随着网购的发展，越来越多的人在购买产品时，都习惯查看他人给出的评价，只有口碑好的产品，他们才会放心购买。因此，在创作电商文案时，电商运营者也要有意识地打造产品的良好口碑，让用户觉得你销售的产品是值得信赖的。

图1-9所示的短视频电商文案的文字说明中，运营者强调了"口碑好到爆"这几个字，在视频内容中也表示"听说全网零差评""年销量达到两万条以上"。这便是通过口碑的塑造来提高用户对产品的信赖度，从而让用户放心地购买短视频中的产品。

图1-9 解决痛点的短视频文案

4．把握用户心理

制作电商文案的一个直接目的就是提高产品的销量，如何让用户心甘情愿地购买你的产品呢？其中一种有效的方式就是把握用户心理，让你的文案内容走进用户的心里。

具体来说，在制作电商文案的过程中，电商运营者可以通过满足用户某方面的需求来打造文案。例如，当用户追求产品的耐用性时，电商运营者可以通过文案重点展示产品的可使用时长。

1.1.4 优质文案，就一句话

对于电商文案高手来说，有时候只需要用一句话，便能打造出优质的文案。图1-10所示为某化妆品的文案。可以看到，这个文案只有简简单单的一句话，却能很好地体现产品的使用效果，并且能在用户心中留下深刻的印象。这便是优质的"一句话文案"。

图1-10 一句话文案示例

那么，如何制作优质的"一句话文案"呢？其中一种比较有效的方法就是通过做减法从产品优势中选择最突出的一个优势，然后用一句有感染力且便于记忆的文字来进行说明。

1.2 文案创作，核心要点

如何把握文案创作的核心，快速打造吸睛的短视频文案呢？本节将从7个方面进行探讨，帮助大家快速掌握文案创作的核心要点。

1.2.1 挖掘痛点，解决问题

企业想要让自己的短视频文案成功吸引用户的注意力，就需要将短视频文案变得有"魔力"，这种魔力可以从"痛点"中获取。"痛点"是什么？在这里可以理解为用户在生活当中遇到的不好解决的问题。

如果文案创作者能够将用户的"痛点"体现在短视频文案中，并且提供解决方法，这样一个短视频文案就能快速引起这部分用户的注意。

例如，图1-11所示的短视频文案就直击用户对于"孩子玩手机，不给就哭闹"的痛点。对家长来说，孩子一直拿着手机玩显然会对孩子的成长产生不好的影响，但是如果家长直接把手机抢过来，孩子又会一直哭闹。因此，在用户看到该短视频能够解决这个痛点时，自然会对短视频中的产品多一分兴趣。

图1-11 解决痛点的短视频文案

文案撰写者需要做的是发现用户的"痛点"。以这个"痛点"为核心,找到解决"痛点"的方法,将方法和产品联系在一起,最后巧妙地融入文案的主题中,明确地传递给用户一种思想,帮助他们找到解决问题的方案。

"痛点"的挖掘是一个长期的过程,不可能马上完成,更不可能一步到位。它属于细节上的问题,是用户最敏感的细节。短视频文案创作者可以从细节上挖掘,哪怕一两个也好,再认真体会用户的需求,通过文案为痛点的解决提供方案,这样创作出来的文案才能吸引用户。

1.2.2 体现价值,满足需求

一个优秀的短视频文案必定具备一定的价值。一般而言,优秀的文案除了要提及需要宣传的内容,还要充分体现新闻价值、学习价值、娱乐价值以及实用价值,以满足用户多样化的需求,具体内容如图1-12所示。

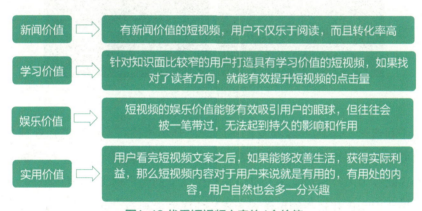

图1-12 优秀短视频文案的4个价值

有价值的文案不仅能起到宣传作用,而且能够增加短视频文案的可看性,让用户在看短视频时感觉愉悦。笔者将提升文案价值的技巧进行了总结,具体如图1-13所示。

图1-13 提升文案价值的技巧

以抖音号"手机摄影构图大全"为例,它推出的文案内容基本上都是具有实用价值的。图1-14所示为其摄影方面的技巧分享。

图1-14 具有实用价值的短视频文案

这个抖音号分享的内容涉及比较广泛,有构图技巧、后期图片处理的技巧等。只要是用户能够用到的摄影知识,它都会制作相应的短视频。这样的短视频文案不仅能够为用户提供实用的价值,还可以帮助用户增强学习能力。

提供实用知识和技巧的短视频文案往往能够得到用户的青睐,虽然文案的价值不仅仅局限于实用技巧的展示,但从最为直接和实际的角度来看,能够提供行之有效的解决问题的方法和窍门是用户乐意接受的。这也是为什么文案需要具备价值的原因之一。

1.2.3 寻找话题,拉近距离

撰写优秀短视频文案的第一步,就是寻找用户感兴趣的话题。对此,短视频运营者可以搜索相关资料并进行整理,找出用户感兴趣的内容,消除与用户之间的陌生感,让用户对短视频文案产生认同感,从而取得用户的信任。

我们要记住一点,短视频文案的受众是广大的短视频用户,这是文案创作的基本前提和要素。不同类型的短视频用户对文案的需求也不一样。那么,在创作文案的时候,到底应该怎么把用户放在第一位呢?

笔者认为主要有3点技巧,即根据对象设定文案风格、根据职业使用相关的专业语言以及根据需求打造不同走向的短视频内容。掌握了这些技巧,就能够拉近与用户之间的距离,为文案创造更好的传播效应。

例如,随着2020年5月以来"地摊经济"的提出,越来越多的人加入了摆地摊的行列。于是部分短视频运营者结合摆地摊推出了短视频文案,如图1-15所示。因为很多人都有摆地摊的经历,或者对摆地摊感兴趣,当这些人看到该短视频文案时,用户与短视频运营者的距离一下就拉近了。

图1-15 拉近与用户的距离的文案

文案创作者应该根据用户的不同来打造不同文案,把用户的需求放在首位。因此,无论是标题,还是内容,都要突出用户想要看到的字眼,使用户一看到标题就想点进去查看,从而有效提升短视频文案的点击率。

1.2.4 网络用语,贴近用户

在打造短视频文案时,我们可能会比较少注意到"文字",文字是组成短视频文案的基本内容之一,同时也是表达诉求和情感的重要载体。用好文字,是打造爆款短视频文案的重中之重。

文字是打造优秀短视频文案的关键，它要求实事求是、"接地气"并紧跟时代潮流。

一般而言，人们不会每天都关注新闻要点，但大部分人每天都会看朋友圈的动态、刷短视频。基于人们对新闻要点的兴趣，如果有人能主动推送相关信息的话，用户也会点击查看。因此，在短视频文案中巧妙植入时事要点，是短视频文案营销中非常值得借鉴的一个技巧。

每一段时间都会有一些比较热门的网络用语，运营者在短视频中有选择地使用这些网络用语，可以快速吸引用户的注意力，拉近与用户之间的距离。

例如，随着电视剧《大世界》的热播，电视剧中某人物的一句台词："你有什么可豪横的？"快速走进大众的视野，并成了当时的热门网络用语。"豪横"原本有强暴蛮横、爽朗有力、性格刚强有骨气等意思。该电视剧中配合着人物的语气说出这句话，让人觉得该人物很霸气。

因此，许多抖音短视频运营者使用该网络用语打造了短视频文案，用以表现出镜人物的霸气，如图1-16所示。

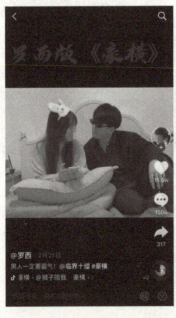
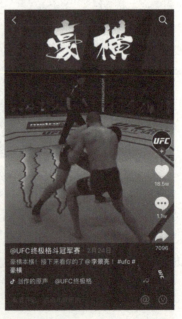

图1-16 使用网络用语的短视频

事实上，短视频文案中的语言最主要的特点就是真实和"接地气"，使用网络用语也是为了贴近目标人群的用语习惯，抓住用户的爱好和需求。

1.2.5 短小精悍，快速传达

随着互联网和移动互联网的快速发展，碎片化的阅读方式逐渐成为主流，大部分用户看到时长较长的短视频可能会产生抵触心理。即使有的用户愿意查看时长较长的短视频，也很难坚持看完。

从制作成本的角度来看，时长较长的短视频拍摄的时间长，需要进行的后期处理通常也会更多一些，如果短视频文案的反响不好，那可就是"赔了夫人又折兵"了。

短视频文案的制作，"小而精美"是关键所在。用户能很快了解短视频文案的大致内容，获取短视频创作者想要传达的重点信息。

图1-17所示为一条时长仅10多秒的短视频。虽然这条短视频的时长比较短，但是将产品香辣有嚼劲的特点进行了说明，而且就这么10多秒的时间，短视频中的人物便吃完了一碗，这也能体现出该产品味道很好。很显然，这是一条短小精悍的短视频文案，虽然时间短，但是营销效果非常好。

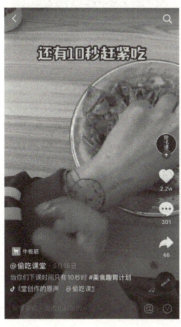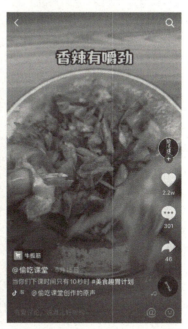

图1-17 短小精悍的短视频文案

小而精美，并不是说短视频文案只能短不能长，而是要尽可能做到表达言简意赅、重点突出，让用户看完你的短视频之后，能够快速了解短视频想要传达的重要信息。

1.2.6 紧跟时事，抓住热点

"时事要点"，即可以引起众人重点关注的中心事件或信息等，紧跟热点的文案可以获得较多点击量，打造出爆款短视频的成功率更高。

由于短视频平台具有即时性的特点，这使得时事要点的传播有了可能。特别是抖音、快手等短视频平台，作为重要的社交平台，拥有数量庞大的用户。因此，在这些短视频平台上打造紧抓时事要点的短视频文案，有利于实现短视频文案内容的快速传播。

例如，2020年央视宣布将推出成团选秀节目《上线吧！华彩少年》，这一消息快速吸引了大众的目光，成了大众热议的焦点。而运营者也结合该热点推出了短视频，如图1-18所示。这便属于紧跟时事热点打造文案内容。

图1-18 紧跟时事的短视频文案

1.2.7 使用产品，展示场景

短视频文案并不只是简单地用画面堆砌出一个短视频就万事大吉，而是需要让用户在查看短视频时,能看到一个与生活息息相关的场景,从而产生身临其境的感觉。如此一来,用户才有继续看下去的兴趣。

一般来说,在创作文案时有两种打造短视频文案场景的方法,一种是特写式,另一种是鸟瞰式,如图1-19所示。

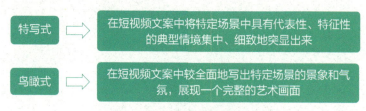

图1-19 打造短视频场景的方法

例如,与以往的口红营销短视频不同,李佳琦发布的口红测评短视频在介绍口红之余,还会介绍口红的使用场景,他会告诉用户涂某款口红适合参加晚宴,而另一款口红则适合日常上班。这便是通过展示使用场景来打动用户的短视频。

第 2 章
文案标题，突出亮点

学前提示

许多用户在看一个短视频时，首先注意到的可能是它的标题。一个标题的好坏，将对短视频的相关数据造成很大影响。

如何才能写出优质的标题呢？笔者认为标题应该简单精准，要突出短视频的亮点。

2.1 优质标题，这样来写

一个文案，最先吸引用户的是什么？是标题！优秀的标题能吸引用户查看短视频内容，促进短视频上热门。

2.1.1 标题制作，3大要点

标题是短视频的重要组成部分，要想做好短视频电商文案，要重点关注标题的创作。标题创作必须掌握一定的技巧和写作标准，只有熟练掌握标题创作的必备要素，才能更好、更快地创作出标题，达到引人注目的效果。

那么在撰写短视频标题时，应该重点关注哪些方面呢？一般来说，标题制作有如下3个要点。

1. 体现主题，紧密联系

标题是短视频的"窗口"，用户如果能从这扇窗户中看到短视频的大致内容，就说明这则标题是合格的。换句话说，标题要体现主题。

虽然标题要起到吸引用户的作用，但是如果用户被某一标题吸引，点击查看内容时却发现标题和内容联系不紧密，或是完全没有联系，就会降低用户的信任度，短视频的点赞和转发量也就无法提高。

这要求运营者在撰写标题时，一定要注意标题与内容联系紧密，不要做"标题党"。

2. 简洁明了，重点突出

一个标题的好坏直接决定了短视频点击量、完播率，所以标题一定要简洁明了、重点突出，字数不要太多，最好能朗朗上口，这样才能让用户在短时间内知道你想要表达什么。如果用户感兴趣，自然愿意点击查看短视频。

简洁明了的标题会给用户一个比较舒适的视觉感受，阅读起来也方便。图2-1所示的标题虽然只有10个字，但用户能从中看出短视频的主要内容，这样的标题就很好。

3. 吸睛词语，聚焦目光

标题展示了一个短视频的大意、主旨，甚至是对故事背景的诠释，一个短视频各项数据的高低，与标题有着不可分割的联系。

要想吸引用户，标题就必须有点睛之处。给标题"点睛"是有技巧的，运营者可以加入一些能够吸引用户眼球的词，比如"惊现""福利""秘诀""震惊"等。这些"点睛"词，能够更好地聚焦用户的目光，让用户对内容产生好奇心，如图2-2所示。

图2-1 简洁明了的标题案例

图2-2 利用"点睛"词的标题案例

2.1.2 拟写标题，3个原则

评判一个电商文案标题的好坏，不仅要看它是否有吸引力，还要参照其他一些原则。遵循以下原则，短视频更容易上热门。

1. 换位原则

短视频运营者在拟定标题时，要站在用户的角度去思考。运营者应该把自己当成用户，如果用户想了解这个问题，会用什么词搜索这个问题的答案，这样写出来的标题更符合用户的需求。

运营者在拟写标题前，可以先搜索有关的关键词，然后从排名靠前的文案中找出这些标题的写作规律，再将这些规律用于自己的文案标题。

2. 新颖原则

如果想让自己的文案标题形式新颖，可以采用多种方法。这里介绍几种比较实用的标题形式。

（1）文案标题要尽量使用问句，这样能引起人们的好奇心，比如，"谁来'拯救'缺失的牙齿？"这样的标题更容易吸引读者。

（2）短视频标题要尽量突出重点内容，这样才会有吸引力。

（3）要尽量将利益写出来，无论是看完这个短视频所带来的利益，还是这个短视频中涉及的产品或服务所带来的利益，都应该在标题中直接告诉用户，从而增加标题对用户的吸引力。

3. 关键词组合原则

通过观察可以发现，能获得高流量的文案标题，都是多个关键词组合之后的标题。这是因为，只有单个关键词的标题，它的排名影响力不如多个关键词的标题。

例如，仅在标题中嵌入"面膜"这一个关键词，用户在搜索时，只有搜索到"面膜"，短视频才会被搜索出来。而如果标题含有"面膜""变美""年轻"等多个关键词，用户搜索其中任意一个关键字，短视频都会被搜索出来，标题"露脸"的机会也就更多了。

2.1.3 借助词根，增加曝光

我们知道写标题要遵守关键词组合的原则，下面给大家介绍如何在标题中运用关键词。

在标题中运用关键词，需要考虑关键词是否含有词根。词根，此处指的是词语的最小组成单元。只要有词根，我们就可以组成不同的词。短视频运营者在标题中加入有词根的关键词，可以提高短视频的展现机会。

例如，一个标题为"十分钟教你快速学会手机摄影"，这个标题中"手机摄影"就是关键词，而"摄影"就是词根。根据词根我们可以写出更多的与摄影相关的标题。用户一般会根据词根去搜索短视频，只要你的标题中包含了该词根，该短视频就更容易被用户搜索到。

2.1.4 体现主旨，一眼看懂

俗话说："题好一半文。"一个好的标题就等于视频文案成功了一半。标题是否体现视频的主旨是衡量标题好坏的主要参考依据。如果一个标题不能做到用户第一眼就看懂它想要表达什么，并由此得出该视频是否具有点击查看的价值，那么用户很可能会放弃查看这个短视频。

电商文案标题体现文案主旨与否，会有怎样不同的结果呢？如图2-3所示。大家可以直观地看出，要想让自己的视频上热门，文案标题一定要体现主旨。

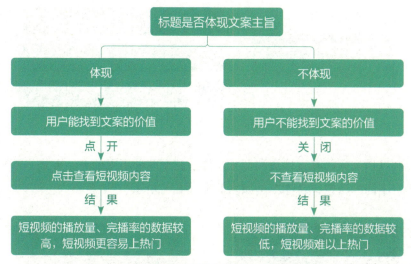

图2-3 标题是否体现文案主旨造成的不同结果

2.2 吸睛标题，12种套路

在短视频的运营过程中，标题的重要性不言而喻。标题如此重要，有什么方法可以快速制作出吸睛标题呢？接下来将介绍制作吸睛标题的12种常见套路。

2.2.1 福利发送，有利可图

福利发送型标题是指标题带有与"福利"相关的字眼，向用户传递一种"这个短视频就是来送福利的"感觉，让用户觉得有利可图，从而忍不住想要了解短视频的内容。福利发送型标题的表达方法有两种，一种是直接型，另一种是间接型，虽然表达方式不同，但是效果相差无几，如图2-4所示。

图2-4 福利发送型标题的表达方法

值得注意的是，无论是直接型，还是含蓄型标题，都应该掌握3点技巧，如图2-5所示。

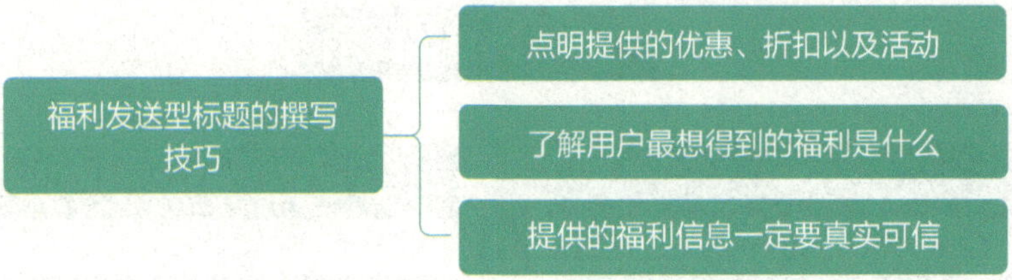

图2-5 福利发送型标题的撰写技巧

福利发送型标题有直接福利型和间接福利型两种不同的表达方式，不同的标题案例有不同的特色，具体案例如图2-6、图2-7所示。

图2-6 直接福利型标题

图2-7 间接福利型标题

这两种类型的标题虽然稍有区别，但本质上都是通过各种"福利"来吸引用户，从而提升短视频的点击率。福利发送型的标题通常会给用户带来一种惊喜，试想，如果标题或明或暗地指出含有福利，你看到福利后难道不会心动吗？

福利发送型标题既可以吸引用户的注意力，又可以为用户带来实际的利益，可谓一举两得。当然，短视频运营者在撰写福利发送型标题时也要注意，不要因为侧重福利而偏离了主题，而且不要使用太长的标题，以免影响短视频的传播效果。

2.2.2 价值传达，传授技巧

价值传达型标题是指向用户传递一种只要查看了短视频就可以掌握某些技巧或者知识的信心。这种类型的标题之所以能够引起用户的注意，是因为它抓住了人们想要从短视频中获取实际利益的心理。

许多用户都是带着一定的目的刷短视频的，要么是希望短视频含有福利，比如优惠、折扣；要么是希望能够从短视频中学到一些有用的知识。因此，价值传达型标题的魅力不可阻挡。

在打造价值传达型标题的过程中，往往会碰到这样一些问题，比如什么样的技巧才算有价值，价值传达型标题应该具备哪些要素等。价值传达型标题撰写的相关经验技巧如图2-8所示。

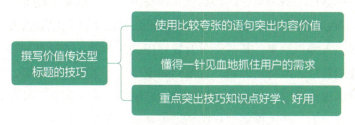

图2-8 撰写价值传达型标题的技巧

值得注意的是，在撰写价值传达型标题时，不要提供虚假的信息，比如"一分钟一定能够学会××""3大秘诀包你××"等。价值传达型标题虽然有夸张的成分，但要把握好度，要有底线和原则。

价值传达型标题通常会出现在技术类的文案之中，主要是为用户提供实际好用的知识和技巧。图2-9所示为价值传达型标题的典型案例。

用户在看见这种价值型标题时，会更加有动力去查看短视频的内容，因为这种类型的标题会给人一种学习这个技能很简单，不用花费过多的时间和精力就能学会的印象。

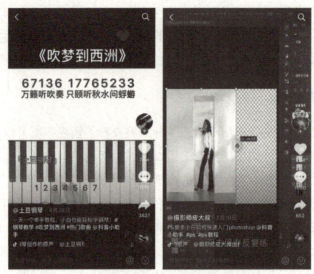

图2-9 价值传达型标题的案例

2.2.3 励志鼓舞，产生共鸣

励志鼓舞型标题最为显著的特点就是现身说法，一般是通过第一人称来讲故事，故事的内容包罗万象，但总的来说离不开成功的方法、教训以及经验等。

如今很多人都想致富，却苦于没有找到正确的方向，或没有足够的动力。如果此时给他们看励志鼓舞型标题，让他们知道别人是怎样打破枷锁，走上人生巅峰。他们就很有可能对带有这类标题的内容感到好奇，因此，这样的标题结构具有独特的吸引力。励志鼓舞型标题的模板主要有两种，如图2-10所示。

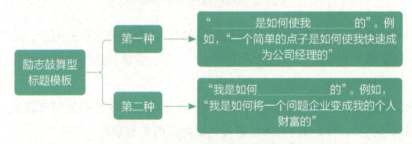

图2-10 励志鼓舞型标题的两种模板

励志鼓舞型标题的好处在于煽动性强，容易制造一种鼓舞人心的感觉，勾起短视频用户的欲望，从而提升短视频的完播率。

那么，打造励志鼓舞型标题是不是单单依靠模板就可以了？答案是否定的，模板固然可以借鉴，但在实际操作中，还要根据内容的不同来确定具体的励志鼓舞型标题。总的来说有3个经验技巧可供借鉴，如图2-11所示。

图2-11 打造励志鼓舞型标题可借鉴的经验技巧

一个成功的励志型标题不仅能够带动用户的情绪，还能促使用户对短视频产生兴趣。图2-12所示为励志鼓舞型标题的典型案例，可以看到，这些标题都带有较强的励志情感。

图2-12 励志鼓舞型标题的案例

励志鼓舞型标题一方面是利用用户想要获得成功的心理，另一方面则是巧妙掌握了情感共鸣的精髓，通过带有励志色彩的字眼引起用户的情感共鸣，从而成功吸引用户。

2.2.4 揭露解密，吸引注意

揭露解密型标题是指为用户揭露某个不为人知的秘密的一种标题。大部分人都会有好奇心和八卦心理，这种标题恰好满足了用户的这种心理，吸引了用户的注意。

短视频运营者可以利用揭露解密型标题做一个长期的专题,以达到一段时间内或者长期凝聚用户的目的。这种类型的标题比较容易打造,把握3大要点即可,即清楚表达事实真相、突出展示真相的重要性,以及运用夸张、显眼的词语。

揭露解密型标题最好在标题中体现冲突和巨大的反差,这样可以有效吸引用户的注意力,使用户认识到短视频内容的重要性,从而愿意主动点击查看短视频。

图2-13所示为揭露解密型短视频标题的案例。这两个标题都侧重于揭露事实真相,从标题上就做到了先发制人,因此能够有效吸引用户的目光。

图2-13 揭露解密型标题的案例

2.2.5 视觉冲击,触动心灵

冲击力在标题撰写中有着独有的价值和魅力。所谓"冲击力",即带给人视觉和心灵上的触动的力量,是吸引用户关注的原因所在。

在具有视觉冲击力的标题中,要善于利用"第一次"和"比……还重要"等具有极端性特点的词——因为用户往往比较关注那些具有突出特点的事物,而"第一次"和"比……还重要"等词充分体现突出性,往往能带给用户强大的戏剧冲击感和视觉刺激感。

图2-14所示为两个带有冲击感的短视频标题案例。这两个标题就是利用"第一次"和"比……更重要"这种较极端的语言，给用户造成了一种视觉，乃至心理上的冲击。

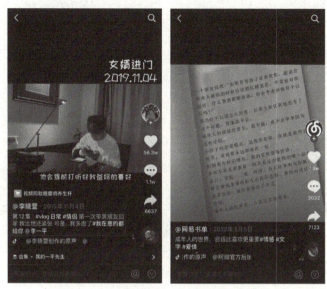

图2-14 视觉冲击型文案标题的案例

2.2.6 悬念制造，留下噱头

好奇是人的天性，悬念制造型标题就是利用人的好奇心。标题中的悬念是一个诱饵，引导用户查看短视频，因为大部分人看到标题里有没被解答的疑问和悬念，就会忍不住想弄清楚到底怎么回事。这就是悬念型标题的套路。

悬念制造型标题在日常生活中运用得非常广泛，也非常受欢迎。人们经常看到一些节目预告类的广告，这些广告就是采取悬念型的标题引起用户的兴趣。利用悬念撰写标题的方法通常有4种，即利用反常的现象、变化的现象、用户的欲望和不可思议的现象制造悬念。

悬念制造型标题主要是为了增加短视频的可看性，运营者需要注意的是，使用这种类型的标题，一定要确保短视频内容确实能够让用户感到惊奇、充满悬念。设置悬疑时需要非常慎重，最好是有较强的逻辑性，不能忽略了文案营销的目的和文案本身的质量。图2-15所示为悬念制造型标题的典型案例。

图2-15 悬念制造型标题的案例

2.2.7 借势热点,主动造势

借势热点是一种常用的标题创作手法,借势不仅完全免费,效果也很不错。借势热点型标题是指标题借助社会上一些时事热点、新闻的相关热词来给短视频造势,增加短视频的播放量。

借势一般都是借助最新的热门事件吸引用户的眼球。一般来说,时事热点拥有一大批关注者,传播的范围也非常广,借助这些热点,短视频的标题和内容曝光率会得到明显的提高。

那么,在创作借势热点型短视频标题的时候,应该掌握哪些技巧呢?如图2-16所示。

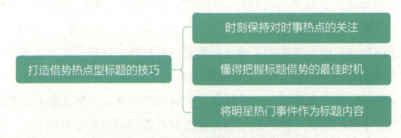

图2-16 打造借势热点型短视频标题的技巧

2020年上半年，许多人开始通过网课来学习。但是，上网课的过程中出现了各种问题，一时之间关于网课的讨论就成了一个热点。许多短视频运营者借助该热点制作了标题，如图2-17所示。

图2-17 借势热点型标题的案例

在打造借势型标题时，要注意两个问题：一是带有负面影响的热点不要蹭，大方向要积极向上，充满正能量，带给用户正确的思想引导；二是最好在借势型标题中加入自己的想法和创意，将短视频与创意相结合，做到借势和创意的完美同步。

2.2.8 警告用户，发人深省

警告用户型标题常常通过发人深省的内容和严肃深沉的语调给用户以强烈的心理暗示，从而给用户留下深刻印象。尤其是警告型的新闻标题，被很多短视频运营者所追捧和模仿。

警告用户型标题是一种有力量且严肃的标题，通过标题给人以警醒，从而引起用户的高度注意，它通常会将3种内容移植到标题中，即警告事物的主要特征、警告事物的重要功能和警告事物的核心作用。警告用户型标题应该如何构思和打造呢？笔者在这里分享3点技巧，如图2-18所示。

图2-18 打造警告用户型标题的技巧

这种标题形式运用得恰当,能为短视频加分,起到其他标题无法替代的作用。运用不当的话,很容易让用户产生反感情绪或引起一些不必要的麻烦。因此,短视频运营者在使用警告用户型标题时要谨慎小心,注意用词恰当与否,绝对不能不顾内容胡乱取标题。

警告用户型标题可以应用的场景很多,无论是技巧类的短视频,还是供大众娱乐消遣的八卦新闻,都可以使用这一类型的标题形式。图2-19所示为运用警告用户型标题的案例。第一个标题中的"注意"是关键词,让用户一眼就锁定标题内容,从而对短视频内容产生兴趣;第二个标题中的"警惕",既起到了警告用户的作用,又吸引了用户的注意力。

选用警告用户型标题主要是为了提升用户的关注度,以便大范围地传播短视频。因为警示的方式往往更加醒目,且触及了用户的利益。

图2-19 警告用户型标题的案例

2.2.9 独家分享,特有资源

独家分享型标题,就是从标题上体现运营者所提供的信息是特有的珍贵资源,让用户觉得该短视频值得点击和转发。从用户的心理方面来分析,独家分享型标题所代表的内容一般会给人一种自己率先获知、别人还不知道的感觉,因而用户在心理上更容易获得满足。

独家分享型标题会给用户带来独一无二的荣誉感,还会使短视频更有吸引力。那么在撰写这样的标题时,我们应该怎么做呢?是直接点明"独家资源,走过路过不要错过",还是运用其他的方法来暗示这条短视频的内容是与众不同的呢?

在这里,笔者提供3点技巧,帮助大家打造出夺人眼球的独家分享型标题,如图2-20所示。

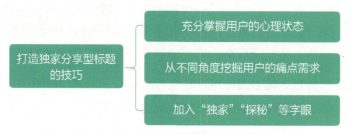

图2-20 打造独家分享型标题的技巧

使用独家分享型标题的好处在于可以吸引更多的用户,让用户觉得短视频比较珍贵,从而主动宣传和推广短视频,使短视频得到广泛的传播。图2-21所示为独家分享型标题的典型案例。

图2-21 独家分享型标题的案例

独家分享型标题往往暗示着文章内容的珍贵性,因此,如果标题使用的是带有独家性质的词,就必须保证短视频内容也是独一无二的,使标题名副其实。

2.2.10 紧急迫切，促使行动

很多人或多或少都会有一点拖延症，总是需要他人的催促才愿意做一件事。紧急迫切型标题有一种类似于催促用户赶快查看短视频的意味，它能够传递给用户一种紧迫感。

使用紧急迫切型标题时，往往会让用户产生现在不看就会错过什么的感觉，从而立马查看短视频。那么，打造这类标题的相关技巧有3点，如图2-22所示。

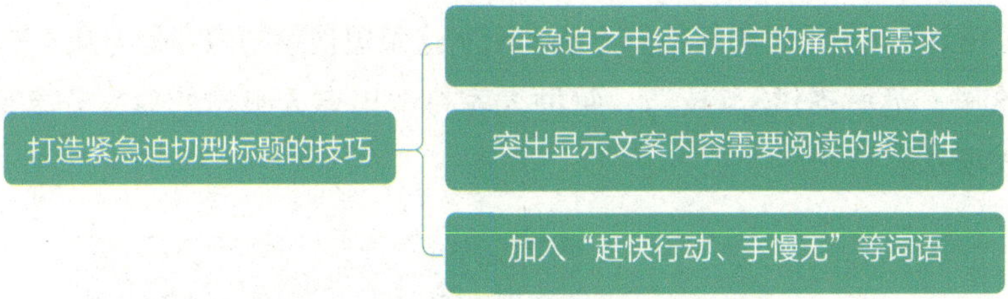

图2-22 打造紧急迫切型标题的技巧

紧急迫切型标题，能够促使用户赶快行动起来，也是切合用户利益的一种标题打造方法。图2-23所示为紧急迫切型标题的典型案例。

图2-23 紧急迫切型标题的案例

2.2.11 数字具化，直观把握

数字具化型标题是指在标题中呈现出具体的数字，通过数字来概括相关的内

容。数字不同于一般的文字,它会带给用户比较深刻的印象,让用户更加直观地把握短视频内容。数字具化型标题有不少好处,具体体现在3个方面,如图2-24所示。

图2-24 数字具化型标题的好处

数字具化型标题也很容易打造,它是一种概括性的标题,只要做到3点就可以,如图2-25所示。

图2-25 撰写数字具化型标题的技巧

数字具化型标题包括很多不同的类型,比如时间、年龄等,具体来说可以分为3种,如图2-26所示。

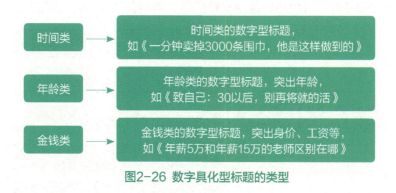

图2-26 数字具化型标题的类型

数字具化型标题比较常见,它通常采用悬殊的对比、层层递进等方式呈现,目的是营造一个比较新奇的情景，使用户产生视觉上和心理上的冲击。图2-27所示为数字具化型标题的案例。

图2-27 数字具化型标题的案例

事实上，很多内容都可以通过具体的数字总结和表达，只要把想重点突出的内容提炼成数字即可。同时还要注意，最好使用阿拉伯数字，统一数字格式，尽量把数字放在标题前面。

2.2.12 借助名人，表达观点

观点表达型标题，是以表达观点为核心，一般会把人名镶嵌在标题之中。这种类型的标题还会在人名的后面紧接该名人对某件事的个人观点或看法。表达观点型标题比较常见，可使用的范围比较广泛，常用公式有5种，如图2-28所示。

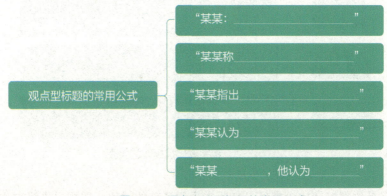

图2-28 观点表达型标题的常用公式

当然，公式是一个比较刻板的东西，不可能完全按照公式来做，只能说它可以为我们提供大致的方向。撰写观点传达型标题有3点经验技巧可以借鉴，如图2-29所示。

图2-29 表达观点型标题的撰写技巧

表达观点型标题的好处在于一目了然，"人物+观点"的形式往往能在第一时间引起受众的注意，特别是当人物的名气比较大时，用户对短视频中表达的观点更容易产生认同感。

第 3 章
视频文案，吸引关注

学前提示

一个优质的短视频电商文案，能够快速吸引用户的注意力，让发布它的短视频账号快速增加大量粉丝。

如何才能写好短视频电商文案，打造用户感兴趣的内容，做到吸睛、增粉两不误呢？这一章就给大家支一些招。

3.1 不同文案，要求不同

文案的类型不同，要求也不尽相同。短视频运营者想使不同类型的文案都呈现最佳的阅读效果，就要对各类文案的写作要求有所了解。本节将介绍7种不同文案的写作技巧。

3.1.1 促销文案，优惠醒目

促销文案是比较常用的，在各大短视频平台和直播平台都能看到。图3-1所示为促销文案的几个特征。

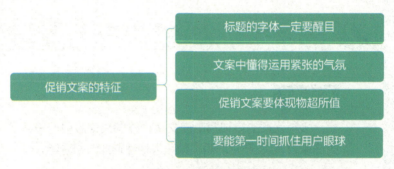

图3-1 促销文案的特征

图3-2 "抖音618年中好物大赏"的促销文案

图3-2所示为"抖音618年中好物大赏"的促销文案。该文案中运用大号字体醒目地展示了活动信息和优惠信息,以增加对用户的吸引力。

3.1.2 新品文案,突出卖点

新产品的文案策划中,创作重点是以产品为中心,对产品的相关内容进行全面展示。内容主要包括6个方面,即提出产品设想、做出产品评价、完成产品测试、实行产品推广、扩充产品市场和分析产品发展。

很多新品推出之时,都是以产品的卖点为主,没有卖点就塑造价值,以吸引消费者的注意力。图3-3所示为OPPO手机的新品文案。从新品文案中可以看出,此次OPPO ace2这个新款手机的卖点主要是拥有65W超级闪充、40W无线闪充、90Hz电竞屏和高通骁龙865处理器。

图3-3 OPPO手机的新品文案

3.1.3 节日文案,营造氛围

对于短视频电商运营者而言,节假日是少有的能够吸引大量消费者的时机,在这一时间段开展相关活动往往能够起到事半功倍的效果,此时,文案的作用也就更为突出。节日活动文案的作用分析如图3-4所示。

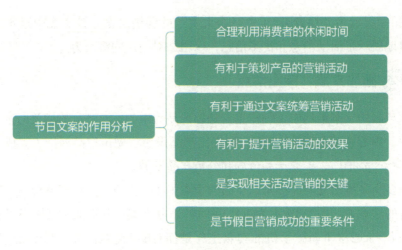

图3-4 节日文案的作用分析

节日文案相对于其他的文案而言,需要增添一些喜庆的特色,营造浓厚的节日气氛,如中秋节会围绕"家庭、团圆、美好"等主题进行文案的设计;春节就会是比较热闹、温情的文案。总之,不同的节日文案会有不同的主题和风格,但总体而言都是节日氛围的打造。

要想让节日文案有效吸引消费者购买产品,就需要把握消费者的心理,知道他们的需求是什么,然后再结合节日的特色和优惠信息进行文案的撰写。图3-5所示为华为发布的一条五一劳动节短视频文案。

图3-5 华为发布的五一劳动节文案

3.1.4 活动文案，提高转化

打造活动文案的目的可以分为很多种，具体如图3-6所示。

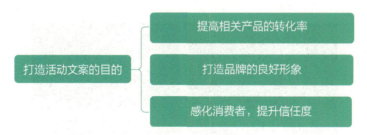

图3-6 打造活动文案的目的

图3-7所示为肯德基的"皮卡丘六一快乐 抖音挑战赛"活动文案。该短视频文案对活动的相关内容进行了介绍，包括活动时间、奖项设置、活动方式以及领奖须知等。

图3-7 肯德基的"皮卡丘六一快乐 抖音挑战赛"活动文案

3.1.5 个性文案，独特风格

在创作文案的过程中，短视频电商运营者应结合不同行业的特点以及平台的用户群体特性选择适合的风格，打造文案的亮点，创作出具有独特风格的个性文案，给用户带来良好的阅读体验。

图3-8所示的这条短视频电商文案中，主角先是抱怨商家包装没做好，导致买的餐具上粘了一些泡沫碎屑。接着又说这是花了个位数的价钱买的。这种带有欲扬先抑意味的文案便属于带有独特风格的个性文案。

图3-8 个性文案

3.1.6 主题文案，突出重点

策划文案时，一定要明确主题，并且要在表达上突出主题，让消费者直接知道你想要传达的信息。因此，一份好的主题文案需要符合以下几点要求，如图3-9所示。

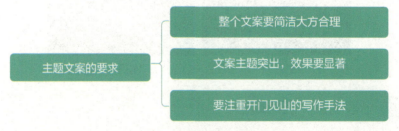

图3-9 主题文案的要求

图3-10所示为荣耀手机的520主题文案。该文案通过荣耀X10研发小哥的硬核表白——给喜欢的女孩送手机芯片，向用户传达了表白要送出荣耀X10这种能

够代表自己心意的礼物。

当然，在突出主题的时候还有一些注意事项，如内容要大于形式、细节不可过多和分清主次关系，不然会造成内容布局混乱。

图3-10 荣耀手机的520主题文案

3.1.7 预告文案，提前展示

好的内容，一定要提前预告，这就像电影上映前的宣传手段，通过提前预告让用户对内容有一定的期待，是非常有效的推广运营方式。下面为大家介绍制作预告文案的几个注意事项，如图3-11所示。

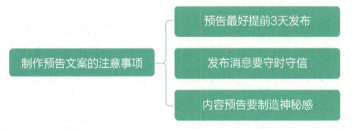

图3-11 制作预告文案的注意事项

在短视频平台，预告文案常见于直播前对直播进行相关介绍的短视频。这种预告文案能够起到告知用户直播信息、吸引用户及时观看直播的作用。

图3-12所示为Vans China发布的一条短视频预告文案。该短视频文案对直播

的时间、直播内容进行了介绍。

图3-12 Vans China的短视频预告文案

3.2 文案表达，玩转文字

要想更高效率、更高质量地完成文案任务，除了掌握写作技巧之外，还需要学会玩转文字，让表达更加符合短视频用户的口味。

3.2.1 语义通俗，简单易懂

文字要通俗易懂，做到雅俗共赏。这既是文案文字的基本要求，也是在文案创作的逻辑处理过程中，必须了解的思维技巧之一。从本质上来说，通俗易懂并不是将文案中的内容省略掉，而是通过文字组合展示内容，让用户看到文案之后便心领神会。

图3-13所示为李佳琦的短视频封面文案，这些文案的特色就是通俗易懂，让用户一看就能明白短视频要讲哪方面的内容。

从通俗易懂的角度出发，我们追求的主要是文字所带来的实际效果，而非辞藻的华丽。那么，如何让文字产生效果呢？运营者不妨从以下3个方面进行考虑。

（1）是否适合要用的媒体；

(2)是否适合产品的市场;

(3)是否适合产品的卖点。

图3-13 通俗易懂的文案文字

3.2.2 内容简洁,删除多余

成功的文案往往表现统一,失败的文案则原因众多。在可避免的问题中,文字的多余、累赘是失败的主因,导致的结果主要包括内容毫无意义、文字说服力弱和问题模棱两可等。

图3-14 京东的广告文案

图3-14所示为京东的广告文案。它直接告诉用户"adidas火热开抢,好货低至5折,叠券满300减70",没有说其他多余的内容。

删除多余的内容对于广告文案来说,一方面,重点内容更加突出,用户能够快速把握运营者要传达的意图;另一方面,内容变得更加简练,同样的内容能够用更短的时间进行传达,用户不容易产生反感情绪。

3.2.3 少用术语,便于理解

专业术语是指特定领域和行业中,对一些特定事物的统一称谓。在现实生活中,专业术语十分常见,如家电维修业中对集成电路称作IC;大企业中称首席执行官为CEO等。

专业术语的实用性不一,但是从文案写作的技巧出发,往往需要将专业术语用更简洁的方式替代。相关的数据研究也显示,专业术语并不适合给大众阅读,尤其是在快节奏的生活中,节省阅读者的时间和精力,提供良好的阅读体验才是至关重要的。所以,文案中尽量不要用读者看不懂的专业术语。

图3-15所示为某电脑广告文案的部分内容。可以看到这则文案中有一些外行人看不懂的词,如"I5的9600KF""海盗船8g 3200两根""微星2060super""技嘉PB650额定650万"等。这样会让一些不太懂行的用户看得一头雾水。

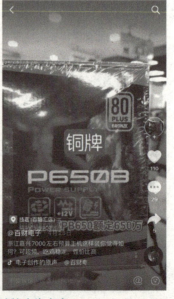

图3-15 某电脑的广告文案

当然，减少术语的使用量，并不是说不能用，而是要控制使用量，并且适当对专业术语进行解读，以便用户了解文案要表达的意思，把专业内容变得通俗化。

3.2.4 主题突出，一目了然

无论是何种文案，都需要突出显示主题，让用户对文案的核心内容一目了然。这一点，部分一句话形式的广告就做得很好，用户只要看到广告语便能快速把握主题。其实，除了简化文案内容之外，还有一种突出显示主题的方法，就是将主题内容放置在文案的显眼位置进行展示。

图3-16所示的文案主要是向用户展示微信上线了拍一拍功能，所以，在该短视频的画面上方用较大的文字直接显示"微信上线拍一拍功能"。这样一来，该短视频的主题就一目了然了。

图3-16 主题突出的文案

需要注意的是，要想突出文案的中心内容，还要提前对相关的用户群体有一个定位，比如一款抗皱能力突出的衬衣，相关的定位应该从3个方面入手，如图3-17所示。

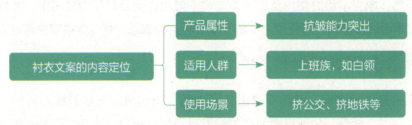

图3-17 衬衣文案的内容定位

除了醒目的主题之外,文案的重点信息也必须在一开始就传递给用户,但是因为运营者的能力不同,文案产生的效果也会有所差异。优秀的文案应该是内容简洁、重点突出,适合产品、适合媒介、适合目标群体的,形式上不花哨,更不啰唆。

3.2.5 思路清晰,逻辑顺畅

在文案的写作思路中,常用的主要有归纳、演绎、因果、比较、总分和递进等,其中应用最为广泛的是归纳、演绎和递进3种。这3种写作思路都遵循循序渐进的基本要求,保证逻辑的顺畅,相关分析如图3-18所示。

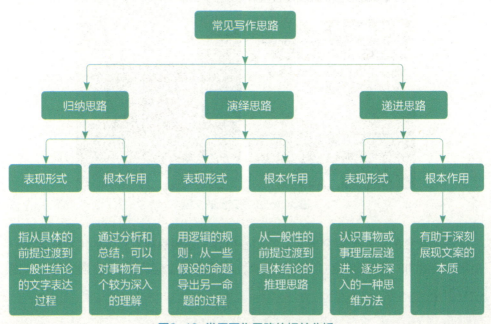

图3-18 常用写作思路的相关分析

3.2.6 控制字数，全文显示

控制字数，是将整体内容的字数稳定在一个可以接受的范围内，除此之外，要创造一定的韵律感。这种方式在广告类的文案中比较常见。控制段落字数同样有突出内容的作用，在长篇的文案中采用较多，主要是起到强调重点内容的作用，让整篇文案显得长短有致。

用一句话作为单独的文案，突出展现内容，是文案写作的常用技巧。一句话的模式能够突出内容，也能够使呆板的文案形式变得生动。如果突然出现一句话成为单个段落，用户的注意力就会被集中过来。在文案中，更为常见的就是一句话式的广告文案，文字精练，效果突出，甚至不需要前期的大段文字铺垫，就能够吸引用户。

另外，短视频的文字介绍部分能够显示的内容是有限的，如果文字过多，便不能全文显示出来。这会对用户快速了解短视频内容产生一些不利影响。

例如，在微信视频号中，如果文字说明太长，文字说明的后方会出现一个省略号，下方会出现"全文"按钮。用户只有点击该按钮，才能查看全部内容，如图3-19所示。

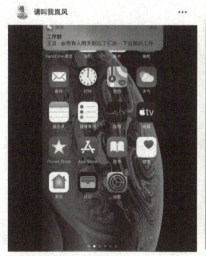 

图3-19 点击"全文"按钮才能显示全部内容的文案文字介绍

3.3 文案写作，主要禁区

与硬广告相比，短视频电商文案不仅可以提高品牌的知名度、美誉度，发在门户网站的文案还能增加网站外链，提升网站权重。然而，想要写出一个好的短视频电商文案并非易事，它对写作者的专业知识和文笔功夫有着很高的要求。

不少运营人员和文案编辑人员在创作文案时，往往因为没有把握住文案编写的重点事项而以失败告终。下面就盘点一下文案编写作过程中需要注意的6大禁忌。

3.3.1 中心不明，乱侃一通

有的人在创作文案时喜欢兜圈子，可以用一句话表达的意思非要反复强调。这不仅降低了文案的可读性，用户也不喜欢这样的内容。尽管短视频电商文案是广告的一种，但它追求的是"润物细无声"，在无形中将所推广的信息传达给目标客户，说空话、绕圈子，只会起反作用。

此外，文案是为推广服务的，每篇文案都应当有明确的主题和内容焦点，并围绕该主题和焦点进行创作。偏离主题和中心乱侃一通，会导致用户一头雾水，营销力也会大打折扣。

图3-20所示为某运动品牌广告文案的部分内容，笔者只是在原文案的基础上去掉了品牌LOGO。你能从处理后的文案中看出这是哪个品牌吗？相信绝大部分人是看不出来的。

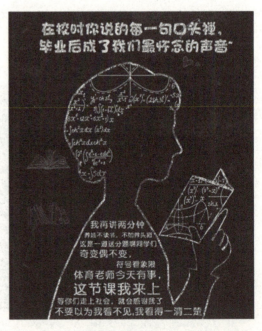

图3-20 某运动品牌广告文案的部分内容

广告文案的主要目的是营销，如果一个文案中看不到品牌，也看不到任何营销推广的意图。这就是一则中心主题不明确的文案。

3.3.2 有量没质，当成任务

文案相对其他营销方式成本较低，成功的文案也有一定的持久性，一般文案成功发布后就会始终存在，除非发布的那个网站没了。当然始终有效，并不代表马上就能见效，于是有的运营者一天会发几十个文案到门户网站。

事实上，文案营销并不是靠数量就能取胜的，更重要的还是质量，一个高质量的文案胜过十几个一般的文案。然而事实却是，许多短视频电商运营者把短视频文案的发布当成一个任务，为了保证推送的频率，会发一些质量相对较差的文案。

比如，有的抖音号几乎每天都会发布短视频，但是原创内容很少。这种不够用心的文案推送策略，所导致的后果往往是内容发布后没有多少人看。

除此之外，还有部分运营者仅仅将内容的推送作为一个要完成的任务，只是想着要按时完成，而不注重内容是否可以吸引目标用户。甚至于有的运营者会将完全相同的文案内容进行多次发布，这类文案的质量往往没有保障，并且点击量等数据也会比较低。

针对"求量不求质"的运营操作误区，运营者有如下两个方法来避免。

（1）加强学习，了解文案营销的流程，掌握文案撰写的基本技巧。

（2）聘请专业的文案营销团队，因为他们不像广告公司和公关公司业务范围那么广，他们专注于文案撰写，文案质量很高。

3.3.3 书写错误，层出不穷

文案常见的错误包括文字、数字、标点符号以及逻辑错误等，运营者必须严格审查，避免错误的出现。

（1）**文字错误**。文案中常见的文字错误为错别字，例如一些名称错误，包括企业名称、人名、商品名称、商标名称等。错别字等很容易会让用户觉得你在制作短视频文案时不够用心。

（2）**数字错误**。参考GBT 15835—2011《出版物上数字用法》，数字使用有3种情况：一是必须使用汉字，二是必须使用阿拉伯数字，三是汉字和阿拉伯数字都可用，但要遵守"保持局部体例上的一致"这一原则，在报刊等文章校对检查中错得最多的就是第三种情况。

例如,"1年半"应为"一年半","半"也是数词,"一"不能改为"1";农历月日误用阿拉伯数字:"8月15中秋节",应改为"八月十五中秋节";"大年30"应改为"大年三十";"丁丑年6月1日"应改为"丁丑年六月一日"。

此外,较为常见的还有数字丢失,如"中国人民银行2020年第一季度社会融资规模增量累计为11.08亿元"。我们知道,一个大型企业每年的信贷量都在几十亿元,那么,整个国家的货币供应量怎么可能才"11.08亿元"?所以,根据推测应该是丢失了"万"字,经核查应为"11.08万亿元"。

(3)**标点错误**。无论是哪种文章,标点符号错误都要尽量避免,在文案创作中,常见的标点错误包括以下几种。

一是引号用法错误。这是标点符号使用中错得最多的。不少人对单位、机关、组织的名称,产品名称,牌号名称都用了引号。其实,只要不发生歧义,名称一般都不用引号。

二是书名号用法错误。证件名称、会议名称(包括展览会)不用书名号。有的人不论证件名称的长短,都用书名号,这是不合规范的。

三是分号和问号用法常见错误。这也是标点符号使用中错得比较多的。主要是简单句之间用了分号:不是并列分句,不是"非并列关系的多重复句第一层的前后两部分",不是分行列举的各项之间,都使用了分号,这是错误的。还有的两个半句合在一起构成一个完整的句子,但中间也用了分号。有的句子已很完整,与下面的句子并无并列关系,该用句号,却用成了分号,这也是不对的。

(4)**逻辑错误**。所谓逻辑错误是指文案的主题不明确,全文逻辑关系不清晰,存在语意与观点相互矛盾的情况。

3.3.4 脱离市场,闭门造车

在编写和发布文案前,必须进行市场调研,了解产品情况,才能写出切合实际、获得消费者认可的文案。脱离市场,闭门造车,其结果必然失败。在文案编写过程中,应该充分了解产品,具体如图3-21所示。

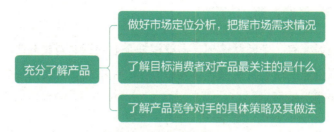

图3-21 充分了解产品

从消费者的角度来说，应该迎合消费者的各种需求，关注消费者感受。营销定位大师特劳特曾说过："消费者的心是营销的终极战场。"文案也要研究消费者的心智需求，可从以下几点考虑。

（1）安全感。人是趋利避害的，内心的安全感是最基本的心理需求，把产品的功用和安全感结合起来，是说服客户的有效方式。

比如，新型电饭煲的平台销售文案说，这种电饭煲在电压不正常的情况下能够自动断电，能有效保障用电安全。这一要点的提出，对于关心电器安全的家庭主妇一定是个攻心点。

（2）价值感。得到别人的认可是一种自我价值实现的满足感。将产品与实现个人价值结合起来可以打动客户。

例如，销售豆浆机的文案可以这样描述："吃早餐时，当妈妈将热气腾腾的豆浆端上来，孩子高兴得手舞足蹈，哪个妈妈不开心呢？"一种做妈妈的价值感油然而生，会激发为人父母的消费者的购买意愿。

（3）支配感。"我的地盘我做主"，每个人都希望表现出自己的支配权利。支配感不仅是对自己生活的一种掌控，也是源于对生活的自信，是文案要考虑的出发点。

（4）归属感。归属感实际就是标签，你是哪类人，无论是成功人士、时尚青年，还是小资派、非主流，每个标签下的人都有一定特色的生活方式，他们使用的商品、他们的消费观都表现出一定的亚文化特征。

比如，对追求时尚的青年，销售汽车的文案可以写："这款车时尚、动感，改装方便，是玩车一族的首选。对于成功人士或追求成功的人士可以写："这款车稳重、大方，开出去见客户、谈事情比较得体，也有面子。"

3.3.5 不能坚持，难以取胜

文案营销需要有一个整体策划，需要根据企业的行业背景和产品特点策划营销方案，根据企业的市场背景做媒体发布方案，文案创意人员策划文案等。文案的策划流程如图3-22所示。

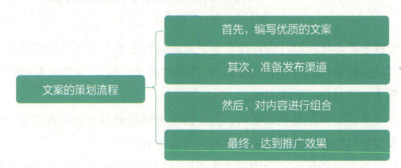

图3-22 文案的策划流程

对于文案营销推广，有的人一天发好多篇，天天在发；有的人一年发一两次。文案营销，从实质上来说，并不是直接促成成交的推广，但长期有规律的文案发布可以提升企业品牌形象，提高潜在客户的成交率。所以，要想让文案营销对受众产生深刻影响，还得长期坚持文案推送。

潜在用户一般是通过广告认识企业，但最终让他们决定购买的往往是长期的文案催化，当用户长期见到这个品牌文案，就会在不知不觉中记住它，潜意识里会形成好印象，最后当用户需要相关产品时，就会购买了。

因此，在短视频平台的运营中，文案的编写和发布是必须长期坚持的。在这一过程中，有两个方面值得运营者注意，一是方向的正确性，二是心态与行动的持续性。

（1）方向的正确性。只有保证方向的正确性，才不会出现与目标南辕北辙的情况，才能尽快实现营销目标。在文案营销中，方向的正确性具体可表现在市场大势的判断和营销技巧、方式的正确选择上。

（2）心态与行动的持续性。短视频运营者必须在心态上保持不懈怠、行动上继续走下去，才能获得成功。

第 4 章
封面设计，抓人眼球

学前提示

在许多短视频平台，用户看一个短视频时，首先看到的就是封面。

因此，对于短视频运营者来说，设计一个抓人眼球的封面尤为重要，毕竟优秀的封面能吸引更多用户点击查看你的短视频。

4.1 封面选择，考虑3点

封面对于一个短视频电商文案来说至关重要，因为许多用户都会根据封面呈现的内容决定要不要点击查看短视频。那么，如何为短视频选择最佳的封面呢？大家可以从3个方面进行考虑。

4.1.1 紧密联系，视频内容

如果将一个短视频比作一篇文章，那么，短视频的封面相当于文章的标题。在选择封面时，一定要考虑封面与短视频的关联性。如果你的短视频封面与内容的关联性太弱，就有"标题党"的嫌疑，或者让人觉得文不对题。在这种情况下，用户看完短视频之后，可能会生出不满情绪，甚至会产生厌恶感。

其实，根据与内容的关联性选择短视频封面的方法很简单，运营者只需要根据短视频的主要内容选择能够代表主题的文字和画面即可。

图4-1所示为某快手号的短视频封面。这个快手号在选择与内容有关联性的封面方面就做得很好。封面直接呈现的是制作完成的菜品，还显示了菜品名称。这样一来，用户看到封面就能了解这个短视频是要展示哪个菜品的制作过程。

图4-1 根据与内容的关联性选择的封面图

4.1.2 自成风格，拥有特色

一些短视频账号在经过一段时间的运营之后，在短视频封面的选择上已经形成了自身的风格，用户也接受了这种风格，甚至部分用户还表现出对这种风格的喜爱，那么，运营者就可以延续自身的风格来选择封面图片。

例如，李佳琦在短视频和直播中有一句口头禅"oh my god！（常简写为OMG！）"，这句话成了他的标志。因此，李佳琦发布的短视频中常会显示"OMG！"。另外，他的短视频封面中还会呈现自己的形象照。"OMG！"和个人形象照几乎成了李佳琦产品推介类短视频的封面的必备要素，如图4-2所示。

图4-2 李佳琦发布的短视频的封面

4.1.3 根据规则，进行选择

通常来说，各短视频平台会通过规则的制定，对短视频运营者在平台上的各种行为进行规范。运营者应熟悉与短视频封面相关的规则，并在选择短视频封面时将此作为重要的参考依据。

以抖音短视频平台制定的《"抖音"用户服务协议》为例。该协议包含的内容比较丰富。运营者在制作短视频封面时，可以重点参考在抖音中不能制作、复制、发布和传播的内容和"抖音"信息内容使用规范，具体如图4-3、图4-4所示。

图4-3 在抖音中不能制作、复制、发布和传播的信息

图4-4 "抖音"信息内容使用规范

4.2 封面制作，基本方法

因为大多数用户会根据封面决定是否查看短视频，所以，运营者在制作短视频时，一定要尽可能让自己的封面看起来更加"高大上"。为此，运营者需要了解并掌握制作短视频封面的一些技巧。

4.2.1 后期处理，调整优化

许多运营者在制作短视频封面时，并非直接从拍摄的短视频画面中选取图片。对于这部分运营者来说，通过后期处理对封面进行调整优化就显得非常关键了。

其实，许多App都可以帮助运营者调整封面图。以"美图秀秀"App为例，其抠图、虚化和光效功能就能很好地帮助运营者制作短视频封面。

1. 抠图

当短视频运营者需要将某个画面中的一部分，如画面中的人物，单独拿出来制作短视频封面时，就可以借助"美图秀秀"App的"抠图"功能，把需要的部分"抠"出来。在"美图秀秀"App中使用"抠图"功能的具体操作步骤如下。

步骤01 打开"美图秀秀"App，点击默认界面中的"图片美化"按钮，如图4-5所示。

步骤02 进入"最近项目"界面，选择需要进行抠图的照片，如图4-6所示。

图4-5 点击"图片美化"按钮

图4-6 "最近项目"界面

步骤03 进入照片处理界面，点击下方的"抠图"按钮，如图4-7所示。

步骤04 进入抠图界面，选择"一键抠图"选项，然后根据提示选择并拖动照片中需要的部分，便可以直接进行抠图，如图4-8所示。

步骤05 抠图完成之后，点击界面右下角的 ✓ 按钮，即可将完成抠图的照片直接导出。

图4-7 点击"抠图"按钮　　　　图4-8 抠图界面

2. 背景虚化

有时候运营者在制作短视频封面时，需要重点突出画面中的部分内容。比如，需要重点展现人物的颜值。此时，便可以借助"背景虚化"功能，通过虚化不重要的部分，突出显示画面中的重要部分。在"美图秀秀"App中使用"背景虚化"功能的具体操作步骤如下。

步骤01 打开"美图秀秀"App，点击默认界面中的"图片美化"按钮，进入"最近项目"界面，选择需要进行背景虚化的照片。

步骤02 进入照片处理界面，点击下方的"背景虚化"按钮，如图4-9所示。

步骤03 进入背景虚化处理界面，短视频运营者可以在该界面中选择不同的背景虚化模式。"美图秀秀"App提供了3种背景虚化模式，即智能、图形和直线，如图4-10所示。短视频运营者只需根据自身需求进行选择和设置即可。

步骤04 背景虚化处理完成之后，只需点击界面右下角的 ✓ 按钮，即可将完成背景虚化的照片直接导出。对比之下不难发现，经过背景虚化之后，画面中的重点部分，即人物的面部更容易成为视觉焦点。

图4-9 点击"背景虚化"按钮

图4-10 背景虚化处理界面

3. 光效

运营者在拍摄短视频或照片的时候,若光线比较暗淡,拍出来的短视频画面或照片可能会亮度不足。遇到这种情况时,运营者可以借助"美图秀秀"App的"光效"功能,让画面或照片"亮"起来。具体处理过程如下。

步骤01 进入照片处理界面,点击下方的"增强"按钮,如图4-11所示。

步骤02 进入光效处理界面,在该界面中可以通过智能补光、亮度、对比度和高光调节等设置,对照片的光效进行调整,如图4-12所示。

图4-11 点击"增强"按钮

图4-12 光效处理界面

步骤03 光效处理完成之后，点击界面右下角的 ✓ 按钮，即可将完成光效处理的照片直接导出。经过光效处理之后，图片明显变得明亮了，"颜值"也得到了提高。

4.2.2 固定模板，快速制作

如果运营者想要快速制作出"高大上"的短视频封面，制作一个固定的封面图模板不失为一种有效手段。在制作固定封面图模板时，运营者一定要多花一些心力。因为封面图模板直接影响制作出的封面的质量。

通常来说，固定封面图模板比较适合短视频发布频率比较高，或者运营时间比较有限的运营者。能快速制作出短视频封面，为短视频运营者节省大量的时间。

例如，作为一名歌手，颜人中用于短视频运营的时间是比较有限的，所以他制作了固定的短视频封面模板，用纯色的背景，在背景的中间位置插入视频画面，并在视频画面的上下方显示关键性的文字（视频画面上方通常是歌曲的名称，视频画面的下方则是具体的歌词），如图4-13所示。

图4-13 固定的封面图模板

4.2.3 设置封面，操作方法

短视频封面制作出来之后，还需要进行设置才能运用到短视频中。所以，运营者还必须掌握短视频封面的设置方法。

不同的短视频平台的设置方法不尽相同，下面重点介绍一下抖音、快手和抖音火山版这3个平台的短视频封面设置方法。

1. 抖音短视频封面设置

在抖音，运营者可以通过以下步骤，完成抖音短视频封面的设置。

步骤01　打开"抖音短视频"App，点击默认界面中的 + ，进入抖音的拍摄界面，如图4-14所示。在该界面，运营者可以选择上传已拍摄的短视频，也可以直接拍摄短视频。

步骤02　短视频上传或拍摄完成后，进入短视频后期处理界面。在该界面中，运营者可以对配乐、特效和文字等内容进行设置。设置完成后，点击下方的"下一步"按钮，如图4-15所示。

图4-14　抖音的拍摄界面

图4-15　短视频后期处理界面

步骤03　进入短视频"发布"界面，点击界面中的"选封面"按钮，如图4-16所示。

步骤04　进入"选封面"界面，在该界面中❶选择具体的短视频画面；❷点击右上方的 ✓ 按钮，即可完成短视频封面的设置，如图4-17所示。

图4-16 短视频"发布"界面　　图4-17 短视频"选封面"界面

部分运营者看到这里可能会有疑问，这样设置的短视频封面是短视频的某个画面，最终是以静态的形式显示。但是，有的抖音短视频的封面是动态的。

在抖音短视频平台中，运营者可以根据自身的需求，选择静态或动态封面。若要设置动态短视频封面，还需要通过如下步骤开通动态短视频封面设置功能。

步骤01　进入抖音短视频的个人主页界面，点击界面右上方的 ≡ 按钮，如图4-18所示。

步骤02　在弹出的列表框中，选择"设置"选项，如图4-19所示。

图4-18 抖音个人主页界面　　图4-19 选择"设置"选项

步骤03 进入"设置"界面,点击该界面中的"通用设置"按钮,如图4-20所示。

步骤04 进入"通用设置"界面,向右滑动"动态封面"后方的按钮,即可开通动态封面设置功能,如图4-21所示。

图4-20 "设置"界面

图4-21 "通用设置"界面

2. 快手短视频封面设置

在快手平台中,短视频的封面同样是可以自主进行设置的。那么,快手短视频的封面怎样进行设置呢?具体步骤如下。

步骤01 打开"快手短视频"App,会默认进入"发现"界面。点击该界面右下方的 按钮,如图4-22所示。

图4-22 快手的"发现"界面

图4-23 快手的拍摄界面

步骤02 进入快手短视频拍摄界面，如图4-23所示。在该界面中，运营者可以选择上传已拍摄的短视频，也可以直接拍摄短视频。

步骤03 视频上传或拍摄完成后，进入短视频后期处理界面。点击该界面中的"封面"按钮，如图4-24所示。

步骤04 进入封面设置界面，在该界面中❶选择具体的短视频画面；❷点击右下方的✓按钮，即可完成短视频封面的设置，如图4-25所示。

图4-24 短视频后期处理界面

图4-25 封面设置界面

3. 抖音火山版短视频封面设置

抖音火山版原名为"火山小视频"，由于近年来抖音短视频快速发展，影响力越来越大，再加上"火山小视频"和抖音短视频都是字节跳动（原今日头条）旗下的产品，因此，便更名为"抖音火山版"。

和抖音短视频、快手短视频相同，抖音火山版也是一个以分享短视频为主的平台。那么，在抖音火山版平台中要怎样设置短视频封面图呢？具体操作步骤如下。

步骤01 打开"抖音火山版"App，会默认进入"视频"界面。点击该界面右上方的▢按钮，如图4-26所示。

步骤02 进入抖音火山版拍摄界面，如图4-27所示。在该界面中，短视频运营者可以选择上传已拍摄的短视频，也可以直接拍摄短视频。

步骤03 短视频上传或拍摄完成后,进行必要的后期处理,即可进入短视频"发布"界面。点击界面中的"点击编辑标题和封面"按钮,如图4-28所示。

步骤04 进入"封面选择"界面,该界面中选择具体的短视频画面;点击右上方的"完成"按钮,即可完成短视频封面的设置,如图4-29所示。

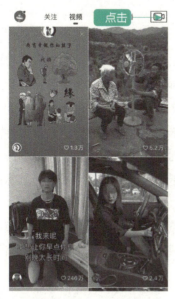

图4-26 抖音火山版的"视频"界面

图4-27 抖音火山版的拍摄界面

图4-28 短视频"发布"界面

图4-29 "封面选择"界面

4.3 制作封面，注意8点

在制作短视频封面的过程中，有一些需要特别注意的事项。本节选取了8个方面进行重点说明。

4.3.1 制作使用原创封面

这是一个越来越注重原创的时代，无论是短视频，还是短视频的封面，都应该尽可能体现原创。这主要是因为，人们每天接收的信息非常多，对于重复出现的内容，大多数人都不会太感兴趣。如果你的封面不是原创，用户可能会根据封面判断，这个短视频已经看过了。这样一来，短视频的点击率就难以得到保障。

其实，使用原创封面这一点很容易做到。因为绝大多数短视频都是运营者自己制作的，运营者只需从短视频中选择一个画面作为封面，基本上就能保证封面的原创性。

当然，为了更好地显示短视频封面的原创性，运营者还可以对封面进行一些处理。比如，可以在封面上加一些可以体现原创的文字，如原创、自制等，如图4-30所示。

图4-30 使用原创短视频封面

4.3.2 超级符号，贴上标签

超级符号就是一些在生活中比较常见的、一看就能明白的符号。比如，红绿灯就属于一种超级符号，大家都知道"红灯停，绿灯行"。又比如一些知名品牌的LOGO，我们只要看到就知道它代表的是哪个品牌。

相对于纯文字的说明，带有超级符号的标签表现力更强，也更能让用户快速把握重点信息。因此，在制作封面时，运营者可以尽可能地使用超级符号来吸引用户的关注。

图4-31所示为一个关于京东被薅羊毛的短视频，该短视频的封面中就是用京东的LOGO——"京东狗"这个超级符号，来吸引用户的目光。

4.3.3 文字说明，有效传达

在短视频封面的制作过程中，如果文字说明运用得好，也能起到画龙点睛的作用。然而，许多运营者对文字说明的运用还存在一些问题。这主要体现在两个方面。

图4-31 用超级符号吸引短视频用户的目光

一是文字说明使用过多，封面上文字信息占据了很大的版面，如图4-32左侧封面所示。这种文字说明方式增加了用户的阅读时间，而且文字说明已经包含了短视频要展示的全部内容，用户看完封面之后，甚至都没有必要再去查看短视频了。

二是封面中没有文字说明，如图4-32右侧封面所示。这样虽然能保持画面的美观，但是许多用户看到封面之后，却不知道这个短视频展示的是什么。

其实，要运用好文字说明很简单，运营者只需尽可能用简练的文字进行表达，有效地传达信息即可。

图4-32 文字说明运用存在问题的短视频封面

图4-33所示为某快手账号的部分短视频封面,其在文字说明的运用上就做得很好。这个账号以分享菜品制作过程为主,所以它的短视频封面基本上只有菜品的名字。这样一来,用户只需要看封面上的文字,便能迅速判断这个短视频是展示哪个菜品的制作方法。

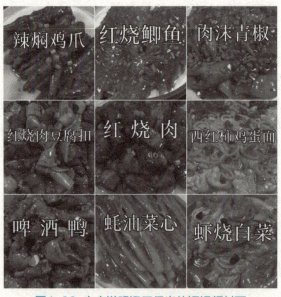

图4-33 文字说明运用得当的短视频封面

4.3.4 景别选择,展现看点

许多运营者在制作短视频封面时,会直接从短视频中选取画面。这部分运营者需要特别注意一点,不同景别的画面,显示的效果有很大不同。运营者在选择封面时,应该要选择展现短视频最大看点的景别,让用户能够快速把握重点。

图4-34所示为某个短视频的两个画面,可以看到这两个画面在景别上存在很大区别。左侧的画面是远景,右侧的画面是全景。这个短视频表达的是一个女生被轮胎追着跑。相比之下,右侧的画面更能表达这位女生被轮胎追着跑的慌乱状态,所以右侧的画面比左侧的画面更适合做封面。

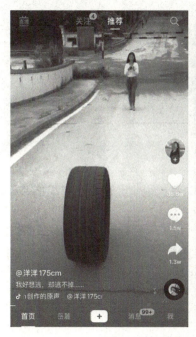

图4-34 某短视频的两个画面

4.3.5 画面构图,提升美感

同样的主体,以不同的构图方式拍摄出来,呈现的效果可能会存在较大差异,一个具有美感的封面无疑更能吸引用户的目光。因此,在制作封面时,应选择合适的构图方式呈现主体,让短视频画面更具美感。

图4-35所示为不同构图风格的两个短视频封面。左侧的封面呈现的事物太多,让人看得眼花缭乱,难以把握具体的主体,整个封面看上去毫无美感。这个

短视频封面在构图方面可以说是失败的。

而右侧的封面是用特写的方式展示酸菜鱼这个主体。用户只要一看封面就能快速把握主体，而且整个画面比较美观。

图4-35 不同构图风格的两个短视频封面　　　图4-36 构图角度选择不当

除了画面中事物的数量之外，构图时还需要选择合适的角度。如果角度选择不好，画面看起来可能会有一些怪异。图4-36所示的短视频封面中，因为人物比较瘦，再加上呈现的是人物弯腰的动作。最后呈现的效果是人物看上去像个大头娃娃，毫无美感。

4.3.6 色彩鲜艳，强化视觉

人是一种视觉动物，越是鲜艳的色彩，越容易吸引人的目光。因此，运营者在制作短视频封面时，应尽可能让物体呈现出较为鲜艳的色彩，让整个封面的视觉效果更强一些。

图4-37所示的两个短视频虽然都是关于鱼香肉丝的，但是右侧的封面对用户的吸引力会强一些。这主要是因为左侧的画面在拍摄时光线有些不足，再加上食物经过烹制之后，颜色出现了变化。画面中虽然色彩丰富，但是却不够鲜艳。

而右侧的短视频中,画面光线很足,看上去更为美观,视觉效果更好。

图4-37 两个短视频的封面

4.3.7 注意尺寸,大小合适

在制作短视频封面时,一定要注意图片的大小。如果图片太小,呈现出来的内容可能会不清晰。运营者最好重新制作图片,甚至是重新拍摄短视频。因为清晰度会直接影响用户查看图片和短视频的感受。

一般来说,各大短视频平台对于短视频封面图片的大小都有一定的要求。例如,抖音短视频封面图片大小的要求为540像素×940像素。在制作短视频封面时,运营者只需根据平台的要求选择图片即可。

4.3.8 默认版面,竖版呈现

通常来说,各大短视频平台都是默认以竖版的形式呈现封面,如图4-38所示。在这种情况下,运营者在设置封面时,需要充分考虑平台对封面的呈现方式。部分短视频运营者对此注意得不够。

图4-38 各短视频平台默认以竖版呈现短视频封面

例如,图4-39中左侧的封面直接将横屏拍摄的短视频画面设置为短视频封面。用户要想更好地了解这个封面,需要将手机横过来看。

图4-39 将横屏拍摄的画面设置为短视频封面

事实上,很多用户都习惯直接用竖屏刷短视频,当他们看到需要横屏呈现的封面时,很可能只看一眼就略过了,更不用说点击查看短视频了。这样一来,用横屏展示封面的短视频,点击量等数据就比较难得到保障。

除了用横屏画面设置短视频封面之外,还有一种情况比较常见。那就是将横屏拍摄的画面设置成竖屏的封面。这种做法虽然让封面更加适应用户的阅读习惯,但是却会导致封面显示的内容较小,上下留白太多。

其实,有很多短视频都是横屏拍摄的,比如游戏视频。这些短视频的封面也设置成了竖屏封面,最终的显示效果还不错,这些封面是如何设置的呢?

如果运营者看得仔细的话,就会发现这些封面并非是直接用横屏拍摄的短视频画面设置成短视频封面的,而是在原短视频画面的基础上进行了一些处理,让画面更加适合以竖屏的形式展示。

图4-40所示为将横屏拍摄的短视频画面设置成竖屏封面的成功案例。该图左侧是封面,右侧是视频的播放界面。可以看到,虽然短视频的呈现画面是横屏的,但是该运营者对原短视频进行了处理,成功将其设置成了竖屏封面。为了不让短视频的画面留白太多,还添加了与游戏相关的背景,这种处理就比较巧妙。

图4-40 将横屏拍摄的短视频设置成竖屏的成功案例

第 5 章
脚本编写，天马行空

学前提示

脚本是短视频制作的基础，脚本编写得好，拍出来的短视频通常也差不了。

如何编写天马行空的脚本，让粉丝为依照脚本打造出的短视频点赞呢？这一章就来重点和大家聊一聊这个问题。

5.1 10万+脚本，编写技巧

短视频脚本的编写是有技巧的，如果运营者掌握了脚本编写的技巧，那么根据脚本制作出的短视频就能够获得较为可观的播放量，优质短视频的播放量甚至可以达到10万+。具体来说，短视频脚本的编写有如下技巧。

5.1.1 视频脚本，3大类型

短视频脚本大致分为3类，每种类型各有优缺点，适用的短视频类型也不尽相同。短视频运营者在脚本编写的过程中，只需根据自身情况选择相对合适的脚本类型来编写脚本即可。接下来，笔者就对3类短视频脚本进行简单说明。

1. 拍摄大纲脚本

拍摄大纲脚本是将需要拍摄的要点一一列出，并据此编写一个简单的脚本。这种脚本的优势在于，能够让拍摄者更好地把握拍摄的要点，让短视频的拍摄具有较强的针对性。

通常，拍摄大纲类脚本比较适用于带有不确定性因素的新闻纪录片类短视频和场景难以预先进行分镜头处理的故事片类短视频。如果运营者需要拍摄的短视频内容没有太多的不确定性因素，这种脚本类型就不适用。

2. 分镜头脚本

分镜头脚本是将一个短视频分为若干个具体的镜头，并针对每个镜头安排内容。这种脚本的编写比较细致，它要求对每个镜头的具体内容进行规划，包括镜头的时长、景别、画面内容和音效等。

通常，分镜头脚本比较适用于内容可以确定的短视频内容，如故事性较强的短视频。而内容具有不确定性的短视频不适用这种脚本，因为在内容不确定的情况下，分镜头无法确定下来。

3. 文学脚本

文学脚本就是将小说或各种小故事进行改编，并以镜头语言的方式进行呈现的一种脚本形式。与一般的剧本不同，文学脚本并不会具体指明演出者的台词，而是将人物需要完成的任务安排下去。

通常，文学脚本比较适用于拍摄改编自小说或小故事的短视频，以及拍摄思路可以控制的短视频。也正是因为拍摄思路得到了控制，所以按照这种脚本拍摄短视频的效率比较高。如果拍摄的内容具有太多不确定性,拍摄的思路无法控制,就不适合使用这种脚本。

5.1.2 前期准备,确定思路

在编写脚本之前,运营者还需要做如下一些前期准备,确定视频的整体思路。

(1)拍摄的内容。每个短视频都应该有明确的主题,以及为主题服务的内容。而要明确短视频的内容,就需要在编写脚本前先将拍摄的内容确定下来,列入脚本中。

(2)拍摄的时间。有时候拍摄一条短视频涉及的人员比较多,此时,就需要通过拍摄时间的确定,来确保短视频拍摄工作的正常进行。另外,有的短视频内容可能对拍摄的时间有一定的要求,这一类短视频的制作也需要在脚本编写时将拍摄的时间确定下来。

(3)拍摄的地点。许多短视频拍摄地点有一定的要求,是在室内,还是在室外?是在繁华的街道,还是在静谧的山林?这些都应该在脚本编写时确定下来。

(4)使用的背景音乐。背景音乐是短视频内容的重要组成部分,如果背景音乐用得好,甚至可以成为短视频的点睛之笔。因此,编写脚本时就要将短视频的背景音乐确定下来。

5.1.3 整体构建,编写流程

短视频脚本的编写是一个系统工程,一个脚本从空白到完成整体构建,需要经过3个步骤,具体如下。

1. 确定主题

确定主题是短视频脚本创作的第一步,也是关键性的一步。只有主题确定了,运营者才能围绕主题策划脚本内容,并在此基础上将符合主题的重点内容有针对性地展示给目标受众。

2. 构建框架

主题确定之后,接下来需要做的就是构建一个相对完整的脚本框架。例如,可以从什么人,在什么时间、什么地点,做了什么事,造成了什么影响的角度,勾勒短视频内容的大体框架。

3. 完善细节

内容框架构建完成后，运营者还需要在脚本中完善一些重点的细节，让整个脚本更加具体化。

例如，从"什么人"的角度来说，运营者在脚本编写时，可以对短视频中要出镜的人员的穿着、性格特征和特色化语言进行策划，让人物形象更加丰满和立体。

5.1.4 剧情策划，详细设定

剧情策划是脚本编写过程中需要重点把握的内容。在策划剧情的过程中，短视频运营者需要从两个方面做好详细设定，即人物设定和场景设定。

1. 人物设定

人物设定的关键在于通过人物的台词、情绪的变化、性格的塑造等构建一个立体化的形象，让用户看完短视频之后，就对短视频中的相关人物留下深刻的印象。除此之外，成功的人物设定，还能让用户通过人物的表现，对人物面临的相关情况更加的感同身受。

2. 场景设定

场景的设定不仅能够对短视频内容起到渲染作用，还能让短视频的画面更有美感，更能吸引用户的关注。具体来说，运营者在编写脚本时，可以根据短视频主题的需求，对场景进行具体的设定。例如，要制作宣传厨具的短视频，便可以在编写脚本时把场景设定在厨房中。

5.1.5 人物对话，撰写设计

在短视频中，人物对话主要包括旁白和人物的台词。短视频中人物的对话，不仅能够对剧情起到推动作用，还能显示出人物的性格特征。例如，要打造一个勤俭持家的人物形象，可以在短视频中设计该人物在买菜时与菜店店主讨价还价的对话。

因此，运营者在编写脚本时需要对人物对话多一份重视，一定要结合人物的形象来设计对话。有时候为了让用户对视频中的人物留下深刻的印象，运营者甚至需要为人物设计特色的口头禅。

5.1.6 脚本分镜，细化内容

脚本分镜就是在编写脚本时将短视频内容分割为一个个具体的镜头，并针对具体的镜头策划内容。通常，脚本分镜主要包括分镜头的拍法（包括景别和运镜方式）、镜头的时长、镜头的画面内容、旁白和背景音乐等。

脚本分镜实际上就是将短视频制作这个大项目，分为一个个具体可实行的小项目（即一个个分镜头）。因此，在策划分镜头内容时，不仅要将镜头内容具体化，还要考虑分镜头拍摄的可操作性。

5.1.7 镜头景别，合理选择

景别是指由于镜头与拍摄物体之间距离的不同，造成物体在镜头中呈现的范围出现了区别。通常来说，景别可具体分为远景、全景、中景、近景和特写。不同景别的呈现效果也不尽相同，因此，在编写脚本时，短视频运营者需要为分镜头选择合适的景别。接下来，笔者就以人物拍摄为例来说明。

拍摄人物时的远景指将人物和周围的环境都拍摄进去，在镜头中进行全面的呈现，如图5-1所示。

拍摄人物时的全景指完整地呈现人物，它与远景的区别就在于注重对人物的展示，而不会把周围的环境全拍摄进去，如图5-2所示。

图5-1 远景

图5-2 全景

中景是指将人物的一部分（通常是半身像）进行展示，例如，要在镜头中展示人物的手部动作和面部表情，会把膝盖或腰部以上的部位拍摄进去，此时呈现在画面中的就是中景，如图5-3所示。

近景是在中景的基础上进一步拉近镜头，让人物的相关部位获得更好的展示。例如，将人物胸部以上呈现至画面中就属于近景，如图5-4所示。

图5-3 中景

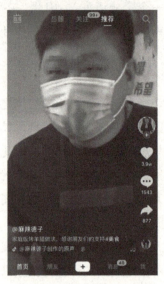
图5-4 近景

特写就是针对某个具体的部位进行细节展示。图5-5所示为人物的嘴巴和手的特写。

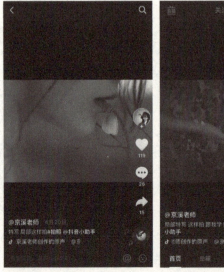

图5-5 特写

5.1.8 了解运镜，掌握技巧

运镜方式就是镜头的运动方式。不同的运镜方式拍摄同一对象，效果可能会呈现较大的差异。因此，在编写脚本时，短视频运营者需要了解常用的运镜技巧，并为短视频选择合适的运镜方式。下面就对常见的运镜方式进行解读。

1. 推拉

推拉是指将摄像机（或手机）固定在滑轨和稳定器上，并通过推进或拉远镜头来调整镜头与拍摄物体之间的距离。

图5-6所示的短视频中，先是拍摄了一个远景，接下来推进镜头，让景别变成了全景。这个过程使用的就是推镜头。

图5-6 推镜头

2. 摇

摇是指从左向右摇动摄像机（或手机）进行拍摄的方法。这种运镜方式常用于拍摄主体范围比较大时逐步呈现拍摄主体，或者当拍摄的主体移动时，跟踪拍摄主体，让拍摄主体出现在画面中。比较常见的是拍摄周围的美景时，因为无法将美丽风光全部放进一个画面中，我们常会通过左右摇动镜头来进行拍摄。

3. 升降

升降是指将摄像机（或手机）固定在摇臂上，让摄像机（或手机）在竖直方向上进行运动。

图5-7所示为拍摄瀑布的一个短视频。该短视频中，先是拍摄看瀑布的人和瀑布落下处的水潭，接着画面缓缓向上拍摄瀑布，这使用的就是升镜头。

图5-7 升镜头

4. 俯仰

俯仰是指在机身位置不发生变化的情况下，将摄像机（或手机）向上或向下倾斜拍摄。这种运镜方式，可以让被拍摄的物体在镜头中"变大"或"缩小"，从而显示出被拍摄物体的高大或弱小。图5-8所示为俯拍和仰拍人物的短视频案例。

（俯拍）　　　　　（仰拍）

图5-8 俯拍和仰拍

5.2 脚本内容，这么来写

脚本的编写对于短视频的制作来说至关重要，本节就和大家探讨脚本要怎么写。

5.2.1 根据规范，进行编写

随着互联网技术的发展，每天更新的信息量十分惊人。"信息爆炸"的说法就来源于信息的增长速度，庞大的原始信息量和更新的网络信息量通过新闻、娱乐和广告信息为传播媒介作用于每一个人。

对于短视频运营者而言，要想让短视频内容被大众认可，能够在庞大的信息流中脱颖而出，首先需要做到的就是内容的准确性和规范性。这也是所有短视频脚本编写的基本要求，具体的内容分析，如图5-9所示。

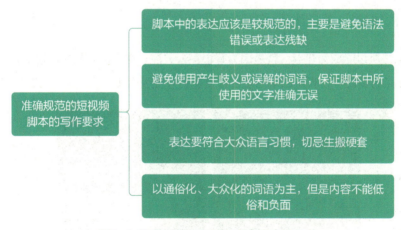

图5-9 准确规范的短视频脚本的写作要求

图5-10所示为两个不符合规范的文案。左边这个文案直接在桌子上堆放了大量现金；右侧的文案直接说"10W一把的雨伞"，并展示了豪车。这两个短视频文案都是带有炫富意味的，且画面并不美观，没有观看价值。

之所以要规范地编写脚本，主要是因为短视频的制作是以脚本为基础的。规范的文案信息更能被用户理解，短视频的传播也会更顺利。同时，规范的文案信息能够节省产品的相关资金投入和人力资源投入等，为品牌主创造更好的效益。

图5-10 不符合规范的文案

5.2.2 围绕热点，生产内容

热点之所以能成为热点，就是因为有很多人关注。在脚本编写的过程中，如果能够围绕热点打造内容，打造出来的短视频就能更好地吸引用户。

图5-11 围绕热点打造的短视频

2020年2月开始，随着电视剧《安家》的热播，该电视剧成了热点，与之相关的短视频也受到了许多用户的欢迎。许多短视频运营者围绕该电视剧编写脚本，并打造了相关的短视频内容，如图5-11所示。这些短视频发布之后，短期内便吸引了大量用户的关注。相关短视频的多项数据也创造了相应账号的新高。不难看出，围绕热点打造内容对于短视频宣传推广的助益。

5.2.3 根据定位，精准营销

在编写脚本时，运营者应该立足定位，精准营销。精准定位同样属于文案的基本要求之一，每一个成功的广告文案都具备这一特点。图5-12所示为一个女装的广告文案。

图5-12 女装广告文案

这个广告文案的成功之处在于，根据自身定位，明确指出了目标消费者是微胖女生，从而快速吸引了大量精准用户的目光。对运营者而言，在编写脚本时，要想做到精准的内容定位，可以从4个方面入手，如图5-13所示。

```
                    ┌─ 简单明了,以尽可能少的文字表达出产品精髓,
                    │  保证广告信息传播的有效性
                    │
   精准内容定位的   ├─ 尽可能打造精练的广告文案,用于吸引用户的注
     相关分析       │  意力,也方便用户迅速记忆下相关内容
                    │
                    ├─ 在语句上使用简短文字的形式,更好地表达文字
                    │  内容,也防止受众产生阅读上的反感
                    │
                    └─ 从用户出发,对用户的需求进行换位思考,并将
                       相关的有针对性的内容直接表现在文案中
```

图5-13 精准内容定位的相关分析

5.2.4 个性表达,博得关注

个性化的表达能够加深用户的第一印象,用户看一眼就能记住短视频。图5-14所示为某短视频的相关画面。该短视频便是通过个性化的文字表达来赢得用户的关注。

图5-14 个性化的文字表达

对于运营者而言，每一个优质的短视频在最初都只是一张白纸，需要创作者不断地在脚本中添加内容，才能够最终成型。而一个个性化的短视频则可以通过清晰的别样表达，在吸引用户关注、快速让用户接收内容的同时，激发用户对相关产品的兴趣，从而促进产品信息的传播，提高产品的销售量。

5.2.5 借助创意，留下印象

创意对于任何行业都十分重要，尤其是在网络信息极其发达的社会中，自主创新的内容往往能让人眼前一亮，进而获得更多的关注。图5-15所示为两个关于手机壁纸的短视频。这两个短视频中的手机壁纸，创意十足，让人看完之后就能留下深刻的印象。

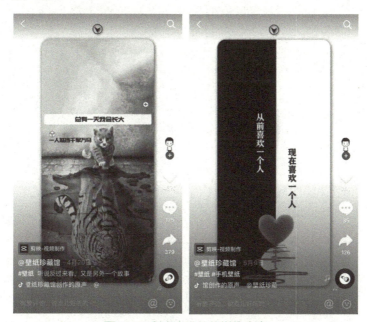

图5-15 创意十足的新媒体文案

创意是为短视频主题服务的，创意必须与主题有着直接关系，不能生搬硬套、牵强附会。在常见的优秀案例中，文字和图片的双重创意往往比单一的创意更能够打动人心。

运营者要想在短视频中突出相关产品和内容，还得在保持创新的前提下通过多种方式编写脚本，并打造短视频。短视频文案的表达主要有8个要求：词语优美、方便传播、易于识别、内容流畅、契合主题、易于记忆、符合音韵和突出重点。

第 6 章

回复评论，营造氛围

学前提示

回复评论应该成为运营者日常工作中的一项重点内容。当用户对短视频进行评论时，如果运营者积极回复评论，可以与用户进行良好的沟通交流，营造评论区的热议氛围。

6.1 评论运营，主要作用

对于运营者来说，光是制作短视频就已经是一件耗时耗力的事了，为什么还要回复用户的评论呢？这主要是因为评论区运营可以起到3个作用。

6.1.1 评论数量体现流量

短视频的评论量能在一定程度上体现短视频的价值，通常，评论量越大的短视频，获得的流量就越多，短视频的流量价值也就越高。

图6-1、图6-2所示分别为评论数较多和评论数较少的短视频评论界面。两个短视频的评论量差距很明显，大家一看就知道评论数多的短视频获得的流量要多得多。

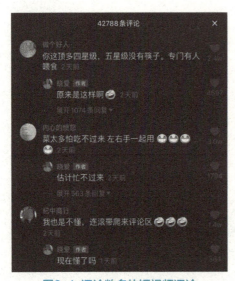

图6-1 评论数多的短视频评论

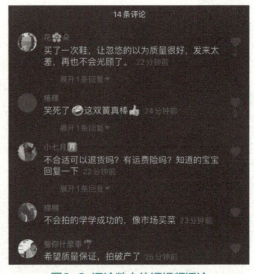

图6-2 评论数少的短视频评论

正因为评论量能够体现短视频的流量价值，所以，许多用户看到某短视频的评论量比较少，会觉得该短视频质量一般，于是选择滑走不看；而品牌主在找短视频账号合作时，短视频评论量也是选择的重要因素。

因此，短视频电商运营者一定要积极运营短视频评论区，通过各种手段提高评论量，让用户和品牌主看到账号的价值，从而进一步提高账号的变现能力。

6.1.2 辅助完善视频内容

一个短视频长则几分钟、十几分钟，短则几秒钟、十几秒钟。在这有限的时间内，能够呈现的内容也比较有限，而且有的内容（如网页的链接）不方便直接用短视频来呈现。这种情况下，运营者可以借助评论区来辅助完善短视频的相关内容。

图6-3所示为一个广告营销短视频。这种短视频通常都需要通过链接引导用户前往对应的网站，所以，运营者在评论区对主要内容进行了说明，并在文字的后方放置了详情链接。用户只需点击该链接，便可直接前往对应的网页。

在笔者看来，短视频评论区的运营是对短视频内容进行二次处理的一种有效手段。通过在短视频评论区的辅助说明，既可以完善内容，让运营者的营销意图得到更好的体现；也可以对短视频中表达有误的地方进行补充说明，及时纠正。

图6-3 在评论区对重要信息进行辅助说明

6.1.3 挖掘选题，提供方向

如果要问在短视频账号的运营过程中，什么最让人伤神？可能不少运营者的回答是策划短视频选题。确实，短视频的选题非常重要，如果用户对运营者的选题不感兴趣，那么该短视频账号的各项数据很可能就上不去。

其实，挖掘新选题的方法有很多，运营者既可以自主挖掘，也可以通过用户的反馈来挖掘，找到新内容的打造方向。而查看用户评论，就是通过用户的反馈，挖掘新选题的一种有效方式。

图6-4所示为某短视频的播放和评论界面。这个短视频中，运营者重点向用户介绍了一种类似于无线路由器的产品，并表示这种产品不需要插卡、拉线，也不用像交网费一样，每月都交钱。

图6-4 某短视频的播放界面和评论区

看到这个短视频，许多用户在评论区询问："能不能发链接？""怎么买"。不难看出，不少用户对这种产品感兴趣，有一部分用户甚至有购买需求。

针对这种情况，该电商运营者可以通过用户的反馈，重新再做一条该产品的营销短视频，并在短视频中添加产品的购买链接。这样做，不仅可以让用户的需求得到满足，运营者也可以借此获得一定的收益，成功实现变现。

6.2 活跃氛围，增加评论

打造活跃的短视频评论区主要可以起到两个作用，一是增加与用户的沟通，做好用户的维护，从而更好地吸引用户关注账号；二是随着评论数量的增加，短视频的热度也随之增加。这样一来，短视频将获得更多流量，短视频的营销效果也会更好。

短视频运营者要如何打造活跃的评论区，增加用户的评论呢？这一节就为大家介绍5种方法。

6.2.1 视频内容，引发讨论

许多用户之所以会评论短视频，主要是因为他对于短视频的相关内容有话要说。针对这一点，运营者可以在打造短视频时，尽可能选择一些能够引发用户讨论的内容。这样做出来的短视频自然会有用户感兴趣的点，用户参与评论的积极性也会更高一些。

爱情自古以来就是一个能够引起广泛关注的话题，每个人都有自己的爱情观，也都希望收获自己梦想中的爱情。但是，现实中的很多爱情并非那么美好。于是有运营者据此打造了短视频内容。

图6-5所示为某短视频的播放和评论界面。该短视频展示的是一对幸福的情侣的日常。运营者在短视频标题中问道："这是你想要的爱情吗？"

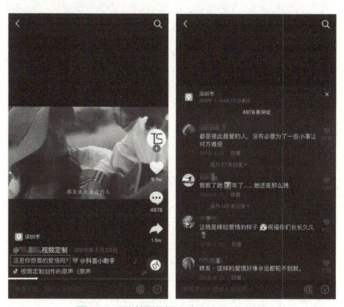

图6-5 通过短视频内容引起用户讨论

因为每个用户对于爱情都有自己的看法，再加上看完短视频之后，心中有一些感触，因此不少用户发表了评论。该短视频快速获得了近5000条评论，并因此成了热门短视频。

6.2.2 设置话题，引导互动

在短视频平台，有一部分人刷短视频时会觉得打字有些麻烦，除非看到自己感兴趣的话题，否则不愿评论。为了吸引这部分用户积极主动地评论，运营者可以在短视频中设置一些用户比较感兴趣的互动话题。

图6-6所示的短视频中，两个小伙买桃，卖桃子的阿姨拿出一种老式的秤来称重。其实，这两个小伙子看不懂这种秤是怎么看具体重量的。但他们还是会把注意力放在秤上，就好像看得懂似的。短视频文字说明中，更是直接抛出了话题："像不像去市场买东西的你，即使不懂，头还要伸过去看。"

看到这个话题，许多用户主动在评论区发表自己的意见，该短视频的评论也在短期内超过了两万条。不难看出，设置互动话题对于引导用户主动评论的效果。

图6-6 通过设置话题引导用户主动评论

其实每个人都有表达需求，只是许多人认为，如果涉及的话题自己不感兴趣，或者对自己来说意义不大，就没有必要花时间和精力去表达自己的意见。运营者如果想让用户积极地表达，就需要通过话题的设置先勾起用户的表达兴趣。

6.2.3 内容通俗，产生共鸣

做内容运营的运营者必须懂得一个道理——每种内容能吸引到的用户是不同的。同样是歌曲，美声唱法的，注定是曲高和寡；通俗歌曲能获得更多人的应和。

做短视频也是同样的道理。如果运营者做的是专业的、市场关注度不高的内容，那么有兴趣看的人很少，能对短视频评论的人就更少了。相反，如果运营者做的是用户普遍关注的、参与门槛低的内容，那么能产生共鸣并评论的用户也会增加。

因此，运营者如果想让短视频获得更多评论，可以从内容的选择上下手，选择一些参与门槛低的内容，通过引发用户的共鸣来保障短视频的评论量。

例如，某短视频中，运营者分享和展示了自己的减肥经历。因为减肥是用户普遍关注的一个话题，许多用户有减肥的计划或者正在减肥。所以，该短视频发布之后，很快就引发了许多用户的共鸣，该短视频的评论量也在短期内实现了快速增长。图6-7所示为该短视频的评价界面。

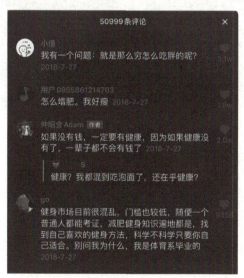

图6-7 通过参与门槛低的内容引发共鸣

6.2.4 通过提问，增加回应

相比于陈述句，疑问句通常更容易获得回应。这主要是因为陈述句只是一种陈述，其中并没有设计参与环节。而疑问句则是把问题抛给了用户，这相当于提醒用户参与互动。因此，在短视频文案中通过提问的方式进行表达，可以吸引更多用户回答问题，从而直接提高评论的量和评论区的活跃度。

图6-8所示为某短视频的播放和评论页面。可以看到，该短视频的标题直接使用了一个问句，且该问句是网络上的一个热梗，再加上运营者比较"宠妻"，所以短视频中他结婚前后的"地位"发生了明显变化。许多用户看到短视频之后纷纷评论，该短视频的评论快速超过了两万条。

图6-8 通过提问增加评论

6.2.5 结合场景，吸引目光

场景化的回复，简单地理解就是结合具体场景做出的回复，或者能够通过回复内容想到具体场景的回复。例如，通过回复向用户介绍某种厨具时，把该厨具在什么环境下使用、使用的具体步骤和使用后的效果等内容进行了说明，那么回复内容便场景化了。

相比于一般的回复，场景化的评论在用户心中构建起了具体的场景，用户看到回复时，能更清楚地把握产品的具体使用效果。大多数用户对于产品在具体场景中的使用是比较在意的，因此，场景化的回复往往更能吸引用户的目光。

6.3 回复评论，注意8点

在运营短视频评论区时，回复用户的评论很关键。如果回复得好，可能会为短视频带来更多流量；如果回复得不好，则可能为账号带来一些"黑粉"。

运营者一定要了解回复用户评论的注意事项，并据此进行短视频评论区的运营。具体来说，运营者在回复评论的过程中，要注意以下内容。

6.3.1 认真回应，保证质量

在对短视频评论进行回复时，既要注意"量"（回复的数量），也要注意"质"（回复的质量）。高质量的回复应该是建立在认真回复用户观点的基础上的。如果你的回复与用户的评论没有关系，用户会觉得你是在敷衍他。对于这种没有质量的回复，大部分用户是不会买账的。

其实，要保证回复内容的质量很简单。其中一种比较有效的方法就是针对用户评论中的重点内容进行回复。

图6-9所示为某短视频的评论界面。可以看到，该运营者认真回复了用户的评论。这种回复能够很好地保障回复内容与用户关注重点的一致性，该短视频的回复质量总体来说比较高。

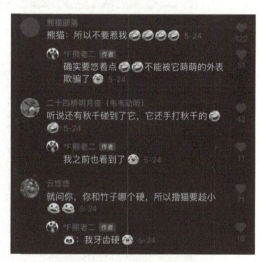

图6-9 认真回复用户的观点

6.3.2 积极回复，博取好感

当用户评论短视频时，运营者一定要积极做好回复。这不仅是态度问题，还是获取用户好感的一种有效手段。那么，怎样做到积极回复用户的评论呢？运营者可以重点做好两方面的工作。

一是用户评论之后，尽可能快地作出回复，让用户觉得你一直在关注短视频评论区。图6-10所示为某短视频的评论区。可以看到运营者是在用户评论完之后的几分钟、十几分钟迅速作出了回复。

二是尽可能多地回复用户的评论，最好能回复所有评论。这可以让被评论的用户感受到你对他的重视，运营者回复的评论越多，获得的粉丝就会越多。

图6-11所示为某短视频的评论区。该短视频的运营者便是尽可能地对每个评论都作出了回复。虽然运营者的回复比较简单，而且重复度比较高，但是，笔者认为这种回复收到的效果会比不回复评论的效果好得多。

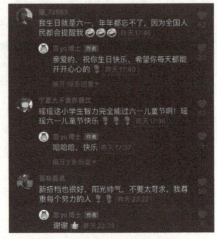

图6-10 尽快对评论作出回复

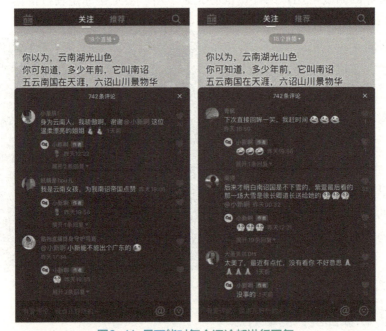

图6-11 尽可能对每个评论都进行回复

6.3.3 寻找话题，继续讨论

用户对于自己感兴趣的话题，会更有表达观点的意愿。如果短视频中的话题用户不太感兴趣，该怎么办？运营者可以通过评论区来寻找话题，让更多用户参与到话题中，让用户能够继续评论下去。

在评论区寻找话题的方法有两种，一种是运营者主动制造话题。图6-12所示的短视频是一位远嫁的女士在回娘家的路上拍的。在评论区，该短视频运营者结合短视频内容抛出了一个话题："有多少（人）是远嫁的？"

图6-12 主动创造新话题

另一种是通过用户的评论来挖掘新话题。当用户对某个话题普遍感兴趣时，运营者便可以将该话题拿出来，让用户一起讨论。

6.3.4 语言风趣，获取点赞

语言的表达是有技巧的，有时候明明是同样的意思，却因为表达方式的不同，最终产生的效果有很大的差距。通常，风趣的语言表达更能吸引用户的目光，也更能获得用户的点赞。

因此，在回复用户的评论时，运营者可以尽量让自己的表达更加风趣一些，通过风趣的表达来获得

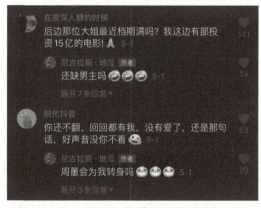

图6-13 用风趣的语言吸引点赞

用户的点赞。图6-13所示为某短视频的评论界面，可以看到该运营者的回复比较风趣。正因如此，用户看到运营者的回复之后纷纷用点赞表达自己的态度。

6.3.5 提出问题，等待回答

前文在讲解打造活跃的评论区时曾提到，可以在短视频文案中以提问的方式吸引用户回答问题，从而增加用户的评论意愿。提问增加用户的评论意愿这一点不只适用于短视频文案，在评论区文案的编写中同样适用。

相比于在短视频文案中提问，在评论区提问有时候获得的效果还要好一些。这主要是因为用户如果需要查看评论，或对短视频进行评论，就需要进入短视频的评论区。而短视频运营者的评论和回复内容又带有"作者"的标志，用户一眼就能看到运营者的重要评论和回复内容。运营者如果在短视频评论区提问，提问内容会被大部分，甚至是所有看评论的用户看到。这种情况下，用户如果对提问的内容感兴趣，就会积极回答。这样一来，短视频评论区的活跃度便得到了提高，评论区的气氛也会变得更加活跃。

图6-14所示为某短视频的评论界面，该短视频运营者便是通过提问来吸引用户回答问题，从而活跃评论区气氛的。

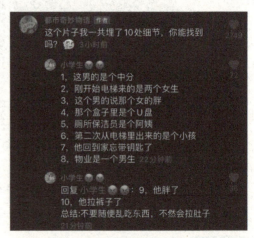

图6-14 通过提出问题活跃气氛

6.3.6 重视细节，转化粉丝

俗话说得好："细节决定成败！"如果在短视频账号的运营过程中对细节不够重视，用户会觉得运营者很敷衍。在这种情况下，短视频账号的粉丝很可能会快速流失。如果运营者对细节足够重视，用户在感受到你的用心之后，会更愿意成为你的粉丝。

图6-15所示为某短视频的评论界面。这是一条产品营销短视频，许多用户直接评论说自己已经购买了。运营者对这些用户表示了感谢。用户因为这些感谢感受到了运营者的善意，并因此关注该账号，这样便实现了粉丝的转化。

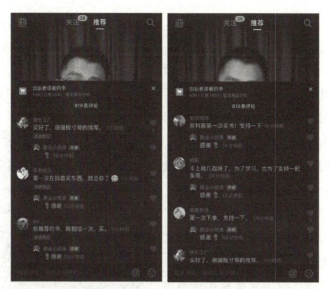

图6-15 通过表示感谢转化粉丝

除了表示感谢之外，通过细节认真回复用户的评论，让用户看到你在用心运营，也是一种转化粉丝的有效手段。图6-16所示的短视频评论中，运营者在回复评论时，从一些细节对用户的评论作出了回复，不仅让用户的疑惑得到了解答，还显示了自身的专业性。许多用户看到该运营者的回复之后，会直接选择关注该短视频运营者的账号。

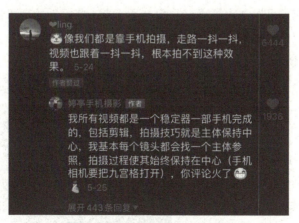

图6-16 通过认真回复转化粉丝

6.3.7 面对吐槽，不要互怼

现实生活中会有一些喜欢抬杠的人，网络上，许多人因为披上了"马甲"，所以，直接变身为"畅所欲言"的网民。对于这些喜欢吐槽，甚至是语言中带有恶意的人，运营者一定要有良好的心态。千万不能因为这些人的不善而与其互怼，否则，许多用户可能会成为你的"黑粉"。

在面对用户带有恶意的评论时，不要回应，要以良好的心态来面对，这也是一种素质的体现。这种素质有时候能让你成功获取其他用户的关注。那么，在面对用户的吐槽时，要如何进行处理呢？在这就给大家提供两种方案。

一种方案是用幽默的回复面对吐槽，在回复用户评论的同时，让用户感受到你的幽默感。

某短视频中，因为光线和拍摄角度等问题，主角看上去比实际年纪大。有些用户在评论区吐槽，质疑这位女性的年纪不止33岁。很多用户甚至直接表示："你看上去不只33（岁）。"图6-17所示为该短视频的评论界面。

图6-17 用幽默的回复应对吐槽

而看到这些评论时，运营者选择略带幽默的话语回应，开玩笑说自己其实已经55岁了，大家还可以往大了猜，并配上了一个有些可爱的表情包。看到该运营者的回复，用户纷纷点赞。

另一种方案是对于恶意的吐槽，直接选择不回复，避免语言上的冲突。图6-18所示为某短视频的评论界面。可以看到部分用户的评论是带有恶意的，而该运营者并没有回复这些评论。

在实际操作时，运营者可以将这两种方案结合使用。比如，当吐槽比较多时，可以用幽默的表达回复排在前面的几个评论。而那些排在后面的吐槽，直接选

图6-18 对于恶意吐槽选择不回复

择不回复就好了。

6.3.8 做好检查,避免错误

运营者在回复用户的评论时,要做好回复内容的检查工作,尽量避免发生错误。这一点很重要,因为如果运营者的回复中出现了错误,用户就会觉得运营者不够用心。

在检查回复内容时,需要重点做好两项内容的检查。一是文字,二是排版。图6-19所示为某短视频的评论界面。可以看到,该运营者的回复中,将"厉害"写成了"烈害",这是明显的文字错误。

图6-19 文字错误

图6-20所示为某短视频的评论界面。该运营者的回复中不仅将"做得更好"写成了"做的更好",还出现了不应该有的空行。这一条评论在回复的文字和排版上做得都不够好。

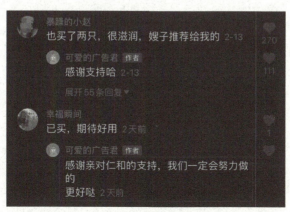

图6-20 文字错误且排版有问题

直播篇

第 7 章
直播策划，找准定位

学前提示

直播模式让用户在观看直播的同时，轻松找到想买的物品。直播带给用户更深入的产品讲解，更细化的产品推广，让品牌商在更深领域挖掘客户。

本章主要介绍直播的常见模式，帮助各行业人员深耕垂直领域，做好直播策划，找准自身的定位。

7.1 借助直播，释放价值

直播的快速发展，使得各种"直播+"模式不断出现。"直播+"模式是指将直播技术与公益、电商、农业、音乐、电竞和教育等领域相结合，如此细化的市场以及深入垂直的领域，共同推动直播平台向更深的产业端渗透。

细化的直播内容，既能保证平台内容的及时更新，也能提升产品的品质，同时增强平台与用户之间的黏性，赢得用户的信任感，获得更忠实的用户支持，为平台的发展和之后产品的销售做铺垫。

各大行业在"直播+"的模式下，也能获得更多新的经济增长点，与直播平台实现共赢。这种多样化的发展，使得平台突破原有的直播流量红利消失的瓶颈，也让各行业通过直播获得了新的销售传播途径，进一步释放行业的价值。

7.1.1 细化市场，垂直定位

面对互联网的不断更迭，以及不断增长且细化的用户需求，直播平台需要细化自身的市场定位。只有对市场需求的精准挖掘，才能使直播取得更好的效果。图7-1所示为"直播+"模式的概要。

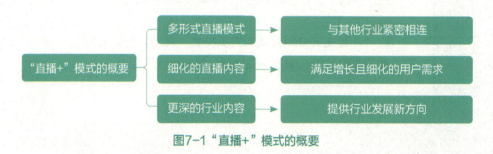

图7-1 "直播+"模式的概要

在这样一个"千人直播"的时代，人们对网络千篇一律的传统直播模式习以为常，而"直播+"模式将直播与其他行业紧密相连，也为自身的发展提供了新的选择和方向。

单一的直播模式在人们的心中已失去了新鲜感，而"直播+"模式将直播形式对准更深的行业领域，并成为此行业的传播途径，既能满足用户对直播的不同需求，也能让自身的发展获得更多机会。因此，我们需要细化自身的市场定位，深耕垂直领域。

例如，游戏直播在直播中侧重游戏及其衍生品的销售。热门的游戏直播平台包括斗鱼直播、虎牙直播，这些平台销售的产品除了供用户打赏之外，还有一些游戏的相关产品，如游戏客户端、游戏礼包、虚拟道具，以及人物相关的模型等游戏周边。图7-2所示为游戏直播模式的解释。

图7-2 游戏直播模式的解释

7.1.2 推动直播，各端渗透

"直播+"模式是与各行业间的合作，在细化自身定位之后，选择相应的行业领域，能推动直播平台深入产业链各端。直播平台对产品进行销售，直播时的互动反馈，使品牌及时、准确地获取用户需求，同时能加大产品的投放量。

"直播+"模式推动了直播平台与产业链各端的沟通与联系。产业链可划分为3部分：第一部分是品牌、供应链、主播；第二部分是负责沟通连接的平台和服务，平台负责运营，是传播的载体，服务负责维系用户与平台之间的关系；第三部分为用户。

在"直播+"模式中，直播平台与用户之间的互动加强了，平台与品牌之间的联系更为密切，推进直播平台向产业链各端渗透。

7.1.3 直播创新，促进发展

"直播+"模式因为用户人群精准，用户的需求也更为精准，精准的需求有利于促进品牌内容的创新和产品的更新。

例如，淘宝有大量淘女郎和模特，这些淘女郎拥有自己的粉丝和流量，在与粉丝的互动直播中，可以直接给粉丝推送产品。直播期间，主播可以采取优惠券、点赞等多种形式活跃直播间氛围，吸引用户关注和及时更新直播内容。

直播技术与行业的产品生产相结合，将直播的互动性带入产业生产，依据及时的互动反馈促使产品创新。

在直播时，后台运营可根据用户的点击率高低来进行直播首页内容的筛选，更新平台的推送，直播有利于平台内容的创新。

在直播+电商模式中，销售商品时所显示的弹幕信息也让品牌方及时看到用户的需求，从而研发并更新产品。

7.1.4 标签设置，增加黏性

"直播+"模式使用户的获取更为精准。以直播+电商的形式为例，依据用户不同的风格/体型，对直播内容进行划分，进而提供不同的搭配，根据用户不同的需求推荐不同产品。

直播运营者可以通过不同的标签吸引不同人群，例如甜美、轻熟、森系等。图7-3所示为通过"胖MM"这个标签来吸引相关用户点击的直播。

图7-3 "标签化"直播

细化的直播内容和详细的解答，使用户更快、更仔细地了解产品，大大提升了用户的购买体验。

"直播+"模式不仅能准确满足用户的内在需求，降低用户的购买错误率，还能增强用户与平台之间的黏性。

7.1.5 其他行业，带来增长

传统的销售方式，例如电视购物，主要通过主持人讲述，但是"直播+"形式下的销售是有互动的，主播和用户可以通过弹幕进行交流。从主播的角度，而不是主持人的角度来介绍产品,用户因两者之间的信任而购买产品,这样的方式有利于商品价值的变现,为行业经济发展提供新的增长点。

"直播+"模式下的销售依托直播,确保了商品的真实性,5G技术下视频变得可调整大小,方便用户更仔细地观察产品。

其次,例如农业这样的传统行业,一般是现场销售,但是"电商+农业"模式促进了农业商品的产品推广,扩大了农产品的销售范围。

7.1.6 通过合作,实现双赢

以"直播+电商"形式为例,将直播内容与商品关联,不仅方便用户购买,也能节省销售成本。依靠主播的流量达到短时间的"促销效果",同时也能被热爱网购的年轻人所青睐,让用户在观看直播的同时,在潜意识里接受产品并购买,效果好的直播甚至能让某一产品脱销。

通过直播进行的合作,可以实现合作方的双赢,甚至是多赢。无论是平台,还是合作的品牌,都能因此模式获益。对平台来说,能加速流量变现。用户越喜爱,平台直播的观看者越多;平台越火热,点击量和流量也越多,流量变现越迅速,如图7-4所示。

图7-4 通过电商直播实现双赢

平台自身的市场定位在合作中尤为关键。例如蘑菇街,主要针对女性服饰。不仅能提供细致精准的服务,还能让用户获得有关的知识,从引导用户到培育用户,实现流量的稳定增长。

7.2 直播形式,多种多样

"直播+"模式打破了原有的平台流量红利流失的困境,也推动了合作行业的发展。"直播+"模式有以下几种直播形式,如图7-5所示。下面就对直播的布局重点和主要形式分别进行说明。

图7-5 "直播+"模式的种类

7.2.1 布局重点，游戏娱乐

即使在快节奏的生活中，用户也可以利用碎片化的时间，选择自己感兴趣的游戏或娱乐直播放松自己，消除长时间工作的疲劳，还能获得相关知识。

"直播+娱乐"模式打破了常规娱乐节目的排演和剪辑，更多地将节目的真实性展现在用户面前，与此同时，虚拟物品的打赏也激发了用户的参与感，通过主播与用户之间的互动，加强了节目效果。

其中，"直播+娱乐"模式下的知名平台，例如YY直播，该平台涉及的领域极广。其中经营最久的是游戏，当用户观看游戏直播觉得乏味时，可以选择答题、对战游戏等功能，衍生功能全面且有趣味性。虎牙平台与斗鱼平台都是以游戏、娱乐秀场为主要内容，两个平台都是领先的游戏直播平台。

相对于"直播+娱乐"，"直播+游戏"的规模更大且增速更快。B站和快手加入了游戏直播，其中，B站曾和《英雄联盟》签订了3年的独家直播协议。

为了进入游戏市场，快手也推出了"百万游戏创作者扶持计划"，给予平台内创作者更大的曝光和流量市场，并为直播时间长者设置了奖金，为普通的、具有发展潜力的主播提供了支持。

虎牙作为游戏直播领域的领先平台，产品直播主要处于电脑客户端、网页端和移动客户端，有300个特色频道，总共4大类别：网游竞技、单机热游、娱乐天地、手游休闲。

同样，虎牙在《英雄联盟》赛事直播权上，继续同拳头游戏签署了战略合作协议，协议中虎牙获得了2020至2022年4大电竞联赛的直播权，4大电竞联赛比赛分别为韩国LCK赛事独家中文转播、北美英雄联盟冠军联赛（LCS）、欧洲冠军联赛（LEC）和国内联播LPL。

7.2.2 公益直播，传播正能量

在直播中，我们也能看到公益活动。"直播+公益"指的是利用线上直播的方式在线下进行公益活动。借助互联网的迅速传播和普及性传递正能量。"直播+公益"模式可以细化到：扶贫、医疗健康、传统文化、留守儿童以及各类道德模范先锋人物等，公益直播的每一个模块都能吸引不同的人群。

公益项目覆盖面广，例如关怀某地区的留守老人、为留守儿童献爱心、关注残疾人或其他特殊人群，目的是为需要帮助的人献上温暖。还有一些其他传播社会正能量的直播，例如"以拥抱每一个陌生人"为主题的直播。

公益直播间设有"公益爱心箱"等募捐链接，用户观看时只需点击图标，就能进行爱心捐赠。公益直播的出现让公益变得更直接，大大精简了传统公益所需要的程序。

这种新型的公益形式使得许许多多有需要的人得到了社会的关怀和帮助，也让越来越多的用户了解了公益项目，并让更多的人参与进来，共同支持慈善事业的发展，在某种程度上既加大了社会关怀，也推动了社会和谐、有爱的发展。

以斗鱼平台为例，为推行公益，斗鱼直播策划了"鱼你同行，造梦公益"大行动，并设有"斗鱼公益直播团"。众多平台的共同参与，让公益直播变得日趋规范化、专业化。

又如，2020年4月8日，抖音联合新华社"快看"，推出了《湖北重启 抖来助力》的直播公益节目。这样的节目，替正面临产品滞销的农民解决了难题。通过直播，荆州小龙虾、恩施玉露茶、荆门腊香鸡、黄冈长香丝大米、十堰房县黄酒等10余种湖北特色产品销往全国各地，成功助力湖北企业复工复产和农民增收。

7.2.3 电商直播，高效购物

"直播+电商"将直播与电商相结合，借助AR、VR技术让用户轻轻松松在家购物。不只是购物，用户还能收获更专业的产品知识。专业的知识讲解和主播的亲测体验，让购物变得更高效。

"直播+电商"模式要注意两点。一是主播的选择，主播的人设应贴合品牌的主题，品牌借助主播的形象更好地诠释自身的产品，进而让用户更容易理解，并促进产品价值变现。品牌也要坚持自身的市场定位，培育属于自身的品牌美学。

二是在"直播+电商"模式下，我们离不开精细化的管理模式，将用户进行细分，给予不同的产品和服务，精准营销。例如，我们可以建立社群，社群的建立和维系既可以更好地接收用户的需要，增强互动，也有利于培育忠实的老客户。

除了淘宝以外，当前许多热门的平台都可以进行"直播+电商"模式，如京东、拼多多、小红书、蘑菇街、抖音和快手等。多元化的平台让越来越多的人，包括许多中小企业和个体商家都参与直播，共同促进全民带货时代的到来。

无论你是品牌还是代理人，又或者是其他个体，都需要确定自身定位，营造和培育自身品牌美学，善用"标签"、精准销售、细化管理，可以促使产品价值变现更高效。另外，社群的建立可以加快用户的转化，让潜在用户或初次购买者转变为忠实用户，进而提高产品的复购率，还可以带来更多新用户。

7.2.4 农业直播，推广特产

根据国家邮政局在2020年9月公布的数据显示，乡镇级快递覆盖率已超过97%，多种形式的快递末端公共服务站10.9万个，如此便捷的物流运输使农产品的销售变得更加方便。

借助直播平台这样大流量且广覆盖的载体，农产品得到进一步的推广。此外，直播形式要比传统的电商更为便捷且有效，因为它改变了原本单一、被动地等待用户的模式，变成了主动展示产品。

在"直播+农业"模式中，特色农产品走进了更广阔的市场，更多用户了解到中国各地的特产。特色农产品地区的人可以采用此模式进行农产品的销售。

图7-6 淘宝直播"乡村味道"版块

有许多平台都采用此模式,例如淘宝直播中有一个"乡村味道"板块,该板块可以看到来自全国各地的农业直播。点击某个地区栏目,可直接查看该地区的农业直播,如图7-6所示。图中任意点击一个直播视频,即可进入相应直播间,观看主播介绍特色农产品。

农产品多出现于市场或流动小商贩手中,这很容易导致农产品滞销。"直播+农业"模式将进一步促进农产品的集中化、产业化、产品标准统一化,更有利于形成自身产品的产业链,还能解决流动商贩销售途中的损耗,以及农民就业和地区脱贫等问题。图7-7所示为农产品销售的两大类型。

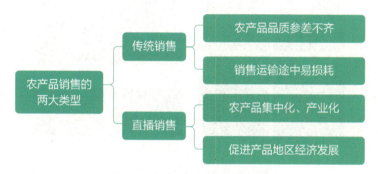

图7-7 农产品销售的两大类型

7.2.5 音乐直播,分发音乐

收听音乐可以通过唱片、音频、视频以及现场音乐会等,音乐直播是用直播的形式传播音乐,可以直接通过直播来发行音乐作品,形成了多样的音乐分发渠道。

网易云推送的LOOK直播,就是一个"直播+音乐"模式的直播平台,LOOK直播具有4个模块,分别为听听、看看、派对和关注。这些板块有不同的标签,例如音乐人、唱见、二次元等。图7-8所示为网易云LOOK直播的"听听"和"看看"板块。

音乐直播对主播的才艺要求较高,受众多为年轻用户,并根据不同风格的音乐进行划分,直播黏性极高。音乐人借助音乐直播平台获得了更多的流量曝光与收入。

网易云为扶持音乐直播板块,推出了大量的音乐计划。例如,针对原创音乐推出的"原创音乐LIVE着陆计划"。对于独创音乐人来说,投稿还能获得专栏推荐,获得双重曝光的机会。所以,网易云的音乐计划吸引了大量音乐人的关注。

图7-8 网易云LOOK直播标签

2019年入住网易云音乐的音乐人总数已超过十万,另外网易云还推出了"云演出"和"云蹦迪"。QQ音乐也推行了"TME Live"模式,让用户在移动设备上感受高品质的演出体验。

7.2.6 电竞直播,衍生产品

当电子游戏达到竞技比赛的层次时,便成了电子竞技,也就是电竞。"直播+电竞"的直播以《英雄联盟》《炉石传说》《王者荣耀》《和平精英》等热门电竞为主。热门的竞赛例如LPL(英雄联盟职业联赛)、LDL(英雄联盟发展联赛)。

电子竞技不等于网络游戏,电竞属于体育运动项目,网络游戏则是娱乐游戏。国内电竞城市分为三级,超一线电竞城市只有上海;一线电竞城市包括北京、重庆、广州等;二线的电竞城市较多,例如深圳、南京、长沙等,其中华东地区是最发达的电竞区域,有13个电竞城市。

有电竞比赛自然就有电竞俱乐部,国内的电竞俱乐部主要有WE、IG、LGD、RNG等,上海是拥有电竞俱乐部最多的城市。电竞比赛中的一些热门人物,例如

LOL英雄联盟比赛中有韩国的faker、中国的UZI,相信很多人都有所耳闻。

在电竞直播平台,例如虎牙平台,针对电竞直播推出了4K+60帧超高清直播"三件套",为用户提供了超高清的电竞赛事直播。斗鱼和天翼云VR合作推出了VR+多视角模式观看直播,三视角VR体验房运用高视角、左视角以及主视角让用户全方位体验直播,沉浸于独特又真实的观赛氛围。

7.2.7 教育直播,资源共享

"直播+教育"的模式打破了传统教育的个别地区优势,将一二线城市的教育方法通过直播的形式普及到其他地区,将一二线城市优质的教师资源共享到其他地区,弥补教育资源的失衡,为其他地区孩子的教育问题提供了解决方案。

同时,在线教育的普及,也为想要提高成绩的学生提供了资源,满足学生想要冲刺、考上好学校的需求。

如何做好教育直播的知识分享呢?教育直播不同于传播课程,因为平台上有众多直播,想要从中脱颖而出得到更多流量,必须要有特性或吸引力。教育直播的类型有很多,并不局限于学校的课程、琴棋书画,也可以是生活中的常识、服装搭配、运动健身等技能。为推行"直播+教育"模式,B站还特别设置了学习区。图7-9所示为英语教学直播。

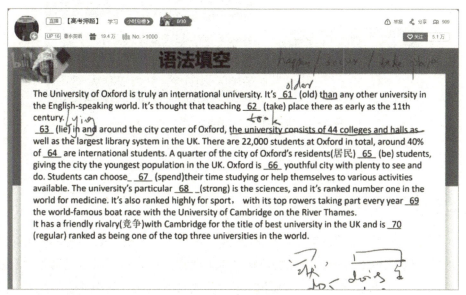

图7-9 英语教学直播

在教育直播内容的安排上，要有趣味性。在许多人眼里，科学、数学、物理这类知识枯燥乏味，所以在此类直播中，我们需要把科学知识趣味化、通俗化；也可以将它与历史学、哲学、社会学或其他学科结合起来。同样可以提出一些趣味性问题与用户互动，引发用户自主思考，调动用户积极性。

直播要找准受众，根据群体的特性制定内容。例如，幼儿教育需要大量趣味性的图片以及夸张的肢体语言，生动活泼的形象更能吸引幼儿的目光，也更容易被幼儿接纳。

在线教育的发展大致经历了3个时期：第一个时期是传统网校音频+flash课件的1.0时代，如101网校；接着进入了O2O大潮的视频录播2.0时代，如网易云课堂；最后到如今全民直播的3.0时代，如CCtalk。

直播教育利用直播平台的弹幕形式，解决了学生与老师的互动问题，增强了课程的交互性，弥补了传统教育师生之间两者对立、缺少互动的缺陷，同时直播课程的回放功能可以让学生反复回顾。

"直播+教育"模式对用户有3大好处，如图7-10所示。而从知识分享者的角度来分析，教育直播可以让个人的才能得到提升和增值，并通过直播平台将知识传递给其他用户。

图7-10 "直播+教育"模式对用户的三大好处

7.2.8 科技直播，创新玩法

"直播+科技"中的科技可以是5G技术、AR技术、AI技术或者4K（8K）高清技术等。以AR技术为例，早在2018年，新华社和搜狗公司就联合发布了"AI合成主持人"，并将其运用于新闻播报。该"AI合成主持人"是由语音、唇形、表情合成以及深度学习等技术联合建模训练而成，语言和表情都非常逼真。

第28届中国金鸡百花电影节上，中国移动和咪咕便借助5G+4K+VR+AR进行了直播。图7-11所示为该电影节的宣传海报，可以看到海报上便赫然就写着"5G"等信息。

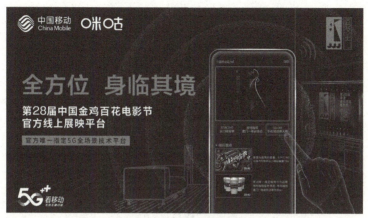

图7-11 第28届中国金鸡百花电影节的宣传海报

7.2.9 旅游直播，打造景点

将旅游与直播相结合，可以加快推进旅游业的发展。这种体验式的旅游宣传，可以全方位记录旅游的全过程，既能加深观看者对旅游的认识，提高用户的旅游品质，吸引更多新用户的加入，获得他们的支持，也有利于旅游文化的传播。

在旅游直播中，我们可以采取以下方式：让用户在观看的同时进行有奖问答，被抽到的观众可获得当地特色的旅游产品。这样既加强了观看者与主播的互动，也有利于提高观众的积极性与参与感。

在旅游直播的过程中，主播可以先让观众了解当地的特色文化，进行线上"云旅游"，再激发观众线下行动。

"旅游+直播"有两种常见模式：一是真人秀，即邀请一些素人参加旅行；二是邀请明星或者网红参加。许多旅游APP以及各大旅游业商家也进行旅游直播，飞猪和淘宝曾携手在淘宝平台推出"云春游"直播。图7-12所示为淘宝直播"博物馆云春游"的宣传海报。观众坐在家中就可以欣赏到各种文物。

森林野生动物世界、海洋公园也都在"云春游"活动之中，青岛的野生动物园里还有"云领养",成功领养动物后,可以拥有免费无限次游园权益,期限是一年,这样领养者就可以见到自己领养的小动物了。

图7-12 淘宝直播"云春游"第二期的宣传海报

在"旅游+直播"的内容设计中,我们可以从以下几点出发。

(1)提供旅游路线图。旅游路线安排可以从不同的角度呈现不同的效果。图7-13所示为不同旅行路线的设计指南。

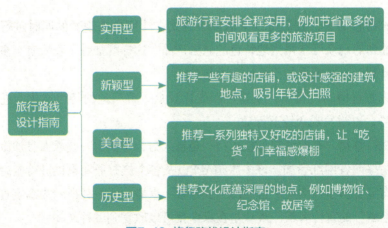

图7-13 旅行路线设计指南

除此之外,还可以以某一特定主题进行策划宣传,例如:云南推出的100种虫子的试吃,满足猎奇用户的需求。从每日一则当地特色故事的角度进行直播,也是不错的选择。

(2)选择具有针对性的主播进行直播。不同的人当主播,有不同的效果,如图7-14所示。

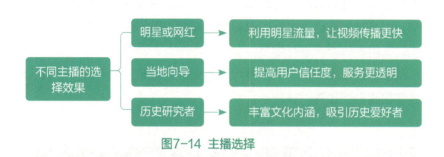

图7-14 主播选择

针对性的直播,配合有目的的策划内容,让旅游景点变得更火热,进而打造出更多的网红景点。

7.2.10 答题直播,流量裂变

图7-15 "快手状元"直播答题活动

直播答题配合诱人的奖金让用户心动不已。央视就曾与快手携手在2019年跨年期间开展了"快手状元"的直播答题互动活动,用户可以通过答题,瓜分100万元现金红包,如图7-15所示。

直播中所选的题目多为常识题或时事热点,答题过程不会让用户感到困难或泄气,并且根据答题的进度,设置的奖金层层增加,让用户觉得兴奋和刺激。

这种直播加答题的模式,既满足了人们对知识的需求,也能让参与者在答题的过程中,因答对而获得满足感、成就感,即使失败了也会得到知识的扩充,同时带动人们在闲暇的时间进行学习。

西瓜视频平台也推行了"头号英雄"直播答题活动,用户答对题目,便可获得一定的答题奖金,如图7-16所示。

图7-16 "头号英雄"直播答题活动

"直播+答题"的形式,门槛简单,奖金丰厚,人们热情高涨,因此,在用户黏性上具有很强的优势。时事题让人们更快了解国家大事,传播社会正能量。其他不同类型的答题还能扩充人们的知识储备。

题目的策划是直播答题的重点。可以将题库进行划分,针对不同的人群划分成不同的板块,例如文学类、科学类、时事类等。对于年轻用户,可以是热门影视或者电影,对于涉及面广的用户,可以进行综合答题。除此之外,还可以设置生活常识题,适合富有生活经验的群体。

第 8 章
直播标题，勾起兴趣

学前提示

本章主要介绍了直播间爆款文案标题的取名技巧，为想要直播的运营者提供了 7 条直播文案标题的命名思路和 5 条热门直播间取名的规律，帮助大家快速制作出吸睛文案，勾起用户点击观看直播的兴趣。

8.1 7条思路，展现特色

很多运营者想要直播，但是不知道该给直播间起什么名字。本节将介绍一些直播间标题命名的思路，让大家更好地展现自身直播的特色。

8.1.1 经验分享，授人以渔

在生活中，包含经验分享的标题特别受用户喜爱，因为用户希望从直播中学到某一方面的经验与诀窍。图8-1所示为某直播的界面。从直播标题可以看出，主播是想向用户分享有营养的三道菜的制作经验。

图8-1 经验分享式标题

需要注意的是，经验式标题下的直播内容需要具有一定的权威性以及学术性，或者至少经验性较强，可以是主播自身特有的经历的分享，或者在个人体验上能够带给大家参考的经历。

8.1.2 专家讲解，树立权威

所谓的"专家讲解"类标题，是以表达观点为核心的直播间标题形式，一般会在标题上精准到人，会将人名和群体名称放置在标题中，在人名和群体名称的后面紧接着对某件事的观点或看法。下面就来看几种专家讲解类标题的常用公式，具体内容如下。

一类是"某某："形式，这一类标题通过冒号把直播的主讲人与直播内容隔开，突出显示了直播的重点，同时也让用户可以一眼就明白主要内容，如图8-2。

图8-2 "某某："形式的直播间标题

另一类是对提出观点的人做了水平或其他方面的层级定位的直播标题形式，这其实也可以说是上面所示的基础标题形式的变体。它意在通过提升主播的层级定位来增加标题观点和直播内容的可信度。

下面以"博士"为例，对这类观点展示标题进行展示，如图8-3所示。这一类标题给人一种很权威的安全感，能获得用户的信任。这一类标题所进行的直播也大都和人们关心的内容紧密联系，人们在看到自己所关注的内容的"博士"发言时，往往更愿意观看直播。

图8-3 "金牌讲师"的直播标题展示

8.1.3 提出疑问，吸引注意

疑惑自问式直播间标题又称问题式标题、疑问式标题。问题式标题可以算是知识式标题与反问式标题的一种结合，以提问的形式将问题提出来，但用户可以从提出的问题中知道直播内容是什么。一般来说，问题式标题有6种公式，企业只要围绕这6种公式撰写问题式标题即可。

第一类是疑问前置句：

（1）"什么是 _____"；

（2）"为什么 _____"；

（3）"怎样 _____"；

（4）"如何 _____"。

第二类是疑问后置句：

（1）"_____ 有哪些？"；

（2）"_____ 有哪些秘诀/技巧"。

下面来看几则问题式标题案例。图8-4所示为疑问前置式标题，这一类标题通常将疑问词放在最前面，引起用户的注意，当用户看见如"为什么、如何、怎样"等词语时也会产生相同的疑问，从而引导用户点开直播寻求答案。

图8-4 疑问前置式标题案例

图8-5所示为疑问后置式标题。这一类标题喜欢将疑问放在标题末尾，引起用户兴趣。人们往往对"秘诀""技巧""秘籍"等词具有很强的兴趣，用这一系列的词会给人普及一些小常识或是小知识，方便人们的生活。人们在面对这一类

标题时，会抱着学习的心态去观看直播，也就增加了直播的点击率。

图8-5 疑问后置式标题案例

8.1.4 统计冲击，具化数据

统计冲击型标题也叫数字冲击型标题，是在标题中署名具体的数据的直播间标题形式。一般来说，数字对人们的视觉冲击效果不错。下面就来看几则统计冲击型的标题。图8-6所示为单一数字式标题。这一类标题往往只有一个特别大或者极其小的数字，根据不同的直播内容在标题里运用一个极大或者极小的数字，可以起到令人惊讶的效果。

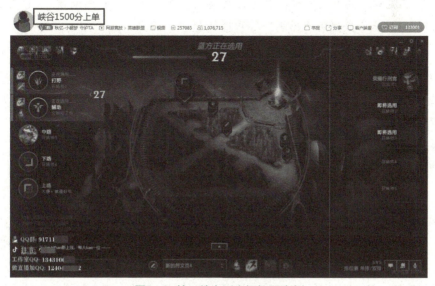

图8-6 单一数字型直播标题案例

图8-7所示为多数字对比式标题。这种标题往往采用一大一小的数字作对比。一大一小的强烈对比和巨大差异会给人造成一种视觉上的冲击和震撼。数字往往使人敏感，人们想从这些差异巨大的数字中间得到隐藏在数字背后的信息，当用户看到这样一大一小的数字对比的直播标题时，也想要点进直播间一探究竟。

图8-7 多数字对比式直播标题案例

8.1.5 十大总结，增强影响

"十大总结"是指将物品进行总结和排名，例如"十大好物推荐""十大撩人小心机""瑞士十大品牌机械表"等直播标题。

"十大"型标题的主要特点：传播率广，在网站上容易被转载，容易产生一定的影响力。此外，"十大"一词代表的是选择和优化之后的结果，留下的内容都是筛选之后留下的精华部分，免去了筛选这一复杂过程，这一类的标题通常也能带给用户更好的阅读体验。

8.1.6 同类对比，突出优势

同类对比型标题是通过与同类产品进行的对比，从而突出自己产品的优势，加深用户对产品的认识和理解。

有一部分同类对比型标题只是同类产品的大盘点，各类产品的优缺点都有展示，不刻意突出某一产品的功能，不带功利性质，如盘点同一类小吃在不同地区所呈现的味道、盘点某地景区、盘点中国历史上的勇猛武将、盘点某漫画中的人物。

带有功利性质的同类产品对比则较为明显,将两款不同品牌的产品拿出来做对比,突出某一产品的优点或是突出自身产品的特点。比如不同品牌在同一时期发布的两款手机的性能对比,或者是不同品牌价格相差无几的空调作节能对比,以突出某产品。

同类对比的产品,大都有相似之处,如价格、性能、特色等,分条逐列地将对比展示出来。对比型标题还可以加入悬念型标题的手法,能更加突显出标题的特色,吸引消费者的注意力,既用了对比,又有悬念,很符合当代人的口味,如"双强组合VS浪肖组合""期待你能来,遗憾你离开""有种差距叫同剧同造型:不比不知道,一比吓一跳,颜值再高气场依旧被带偏"等直播间标题。

8.1.7 流行词语,紧跟潮流

流行词语型直播间标题,就是将网上比较流行的词、短语、句子(如"我不要你觉得,我要我觉得""我太难了""硬核"等)嵌入直播间标题中,让用户一看就觉得十分有新意,很搞笑。

这种网络流行用法常常被运用在微信朋友圈、微博中。因这一类网络流行语传播速度极快,读起来不仅诙谐幽默又朗朗上口,经常被用与直播标题,十分夺人眼球。图8-8所示为流行词语直播文案标题的案例。

流行词语的运用紧跟时代潮流又充满创意,有夺人眼球的吸睛效果,用户十分乐意点击这一类直播间。

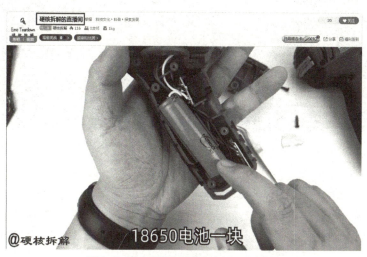

图8-8 流行词语直播文案标题的案例

8.2 5种取名，掌握规律

掌握7大命题思路之后，我们再来分析一下热门直播间的标题命名具有怎样的规律。直播间的标题命名可以归纳5条规律，接下来将为大家一一陈述。

8.2.1 使用热词，增加曝光

直播间运营者在构思直播间标题时，仅仅注重钻研标题的形式是不够的，还要学会在标题中切入关键词，从而增加直播间的点击量和曝光率。那么，在直播间标题中可以插入哪些关键词呢？

1. "免费"

"免费"一词在直播间标题的打造中起着不可忽视的作用，在标题中适当且准确地加入"免费"一词，可以很好地吸引用户，如图8-9所示。

图8-9 加入"免费"一词的直播文案标题案例

在直播间的命题当中，"免费"一词可以很好地抓住用户的某种心理，当用户看到标有"免费"一词的标题时，往往会想去查看是什么东西免费和它的免费程度，从而吸引用户点击进入直播间。

在商业营销里面，"免费"这个词有着十分广泛的应用，它在"商业战场"

上有一个特定的专业名词——"免费式营销"。直播间的标题之中加入"免费"二字实质上也是一种"免费式营销"。

"免费式营销"是一种基于消费者心理而提出的市场营销策略。相对于花钱买，消费者更喜欢不要钱就能得到的东西，这个理念的提出正是抓住了消费者的这一心理，可谓是"对症下药"。

在这一理念中，"免费式营销"并不是真正的免费，这种营销理念的实质其实是小投入大回报的"钓鱼"营销，它的操作方式就像人们在日常生活中钓鱼一样，主播只需要在钓鱼的时候付出一小条鱼饵作为代价，便能收获一条或几条鱼的回报，这一方法和措施可以无限循环使用。"免费式营销"的最终目的是让消费者持续购买，这也是市场营销当中很常见的方法。

2. "全新""最新发布"

"全新"和"最新发布"皆有表示发生了改变的意思，这两个表述放在直播间的标题当中，都能让用户对直播内容产生新鲜感。

这一类标题所体现的内容一般都是经过一段时间的蛰伏或是消失了一段时间之后重新回归。带有"全新"一词的标题多指某产品的重新面世，所针对的用户大部分是以前的老用户，通过对之前产品加以完善和优化，然后进行产品宣传，也能在一定程度上吸引新的用户注意和尝试。所以有的直播标题中会使用"全新"一词，如图8-10所示。

图8-10 加入"全新"一词的直播文案标题案例

"最新发布"也是代表某一产品的公布，给人的感觉较为正式。"最新发布"一词代表消息具有很强的时效性。从用户的心理上来研究，人们往往喜欢在某些事上做第一个知道的人，然后分享给别人，这就是所谓的"存在感"。许多电子产品都会利用"最新发布"进行直播。

3. "清库存""最后"

电商直播常常会利用"清库存"一词，进行直播，如图8-11所示。给人一种时间上的紧迫感，如同"过时不候"，促使用户赶紧点击以免错过。

"最后"一词在直播间的标题当中有着警示提醒的作用，当用户看到"最后"一词时，有一种想要赶紧进入直播间，否则就会没有了的感觉。图8-12所示为加入"最后"一词的直播间。

图8-11 加入"清库存"一词的标题

图8-12 加入"最后"一词的标题

4. "现在""从今天开始"

在直播间标题中，"现在"和"从今天开始"均代表一个时间节点，这类标题所讲的内容也是在这个时间节点之后才发生的事情。

"现在"是一个现在进行时态的词语，它表示当下这一刻，也可以是指当下的一段时间。当这一词出现在直播间标题中时，就表示所写的内容是贴近用户当前生活的，人们所关注的大都是自己身边或是这段时期内所发生的与自身息息相关的事情，当看见标题中有"现在"一词，用户就会点开看看自己身边或这段时间发生了哪些事情。

"从今天开始"表示的是一个时间节点，从今天往未来的很长一段时间里以今天作为界限。强调突出"今天"和"开始"，代表一个目标、政策或项目等将在"今天"开始变化或行动。

5. "这"指相性词语

"这""这些"和"这里有"都是指向性非常明确的关键词，在直播间标题当中运用恰当，对直播间的点击率影响巨大，如图8-13所示。

图8-13 加入"这"一词的直播文案标题案例

在撰写直播间标题时，光抛出一件事情或一句话有时候是不够的，用户有时候也需要引导和给出一些简单明了的指示，这个时候，标题中切入"这""这些"就显得十分有必要了。

这两个词在标题里的应用原理很简单，举个例子，有人告诉你某个地方正在发生一件很奇怪的事情，当你想知道到底是什么奇怪的事情时，他只跟你说在哪里发生的，却不将这件事情讲给你听，最终你还是会自己去看看到底是什么奇怪的事情。这一类带有"这""这些"的标题就是以这样的方式吸引用户。

在直播间之中切入"这里有"的目的性很明确，就是告诉用户这里有你想知道的内容，或者这里有你必须要知道的内容，从而让用户点击进入直播间。

这一类标题大都采用自问自答又或者是传统式的叫喊，比如"这里有你想要的气质美""大码爆款T恤这都有""这个直播间有1元福利"。这种标题无需太多技巧，只需适时地知道用户想要的是什么就可以了，避免了其他形式标题的弯弯绕绕，又不会出太大的差错。

这种类型的标题相对于其他标题来说，更简单清楚直接，用户在看到标题时就对直播内容有了一定的了解，也能吸引对标题中的信息感兴趣的用户进入直播间，以此提高直播间的点击率。

6. "怎样""哪一个"

"怎样"和"哪一个"都具有选择和征求意见建议的意思，这两个词出现在直播间的标题当中时，给了用户一个选择，让用户参与到直播当中来，从而达到主播与用户之间互动的效果。

"怎样"一词在标题当中一般有两种意思，一种是指怎么解决，讲的是方式方法，展示的内容是帮助用户解决生活或工作中的某一种较为普遍的问题，为用户出谋划策；另一种是主播讲述一件事，征求意见建议。

当它以方式方法的意思出现时，人们关注的也就是解决问题的方法；当它以征求意见的意思出现时，表现了主播对用户的一种尊重，用户的直播体验会大大提高。当然，对于"怎样"的运用不能局限于它的某一种意思和功能，要根据直播内容灵活运用。

"哪一个"在直播间的标题中出现时，就代表了一种选择，它比"怎样"一词所表示的选择性更为明确和直观。带这一关键词的直播间标题在无形中就与用户产生了互动，有了互动才能调动用户的积极性，让用户更愿意参与到阅读和互动当中。例如"想让我介绍哪一款呢""喜欢哪款鞋跟主播说""这么穿，哪里显胖""办公本、游戏本哪款更合适"等。

7. "你是否""你能否"

"你是否"和"你能否"同属疑问句式，在标题中出现代表了对用户的提问，这一类标题更加注重与用户的互动。

"你是否"这一关键词的意思是"你是不是怎样？"，是对用户现状的一种询问。这样的标题出现在用户面前，用户会下意识把标题当中的问题带入到自己身上，进而开始反思。再加入用户的提醒，让用户联系到自己身上，不论用户自身有没有标题里所提及的问题，用户都会下意识去看看，就像星座，尽管很多人并不相信，但看到自己的星座解析，都会下意识去查看。

"你能否"这一关键词的意思是"你能不能怎样？"，通常是在问用户能不能做到像直播间标题里说的那样，是对用户能力或是未来状况的一种表达或预测。这种标题通常能给用户一种指示或灵感，让用户去发现标题当中所涉及的能力或者趋势。

这种标题通常能让用户了解自己是否具备标题当中所说的某种能力，或是有没有把握住标题所涉及的趋势。这样的标题之所以能吸引用户，是因为它在问用户的同时又能让用户反思自己，既能获得信息，又能让自己进入有所收获的直播间。例如，"秀发问题是否有困扰""你的面膜是否适合你"等标题便属于此列。

8.2.2 借势传播，强化影响

借势主要是借助热度以及时下流行的趋势来进行传播，借势有以下6个技巧解。

1. 借助热点

"热点"一般传播于网络，例如微博、百度、抖音、快手等。"热点"大多来自国家政策或是社会上具有影响力的事件或者新闻，这些事件或新闻传播比较快，人们耳熟能详，并且时常讨论或研究。

这些热点都与人们的日常生活联系紧密，关注的人比较多。在撰写直播间标题的时候，借助"热点"事件或是新闻，能很大程度上吸引关注这些"热点"的粉丝和观众，也能使直播间的曝光率和流量增加。

2. 借助流行

"流行"一词其实是一种社会心理现象。简单来说，流行就是指某一事物、想法、语言行为等从出现到被众多人接受并广泛运用，再到最后彻底结束的一个过程。直播间的标题经常会借助流行元素，以达到让直播间点击率增长的目的，因为某一事物能成为"流行"，一定有众多的人参与和模仿。

"流行"和"时尚"有着本质的区别，"流行"是指在一段时间内，具有高品位、欣赏性、美感等能给人身心带来巨大愉悦和享受的某一事物。"时尚"是小众范围里的东西，因其具有高品位、欣赏性和美感等特点，所以不太能够拥有众多"追随者"。

相对于"时尚"的小众来说，"流行"更具包容性和普遍性。"流行"的事物或者观念一般能涉及大部分人，如流行的音乐，就是大部分人都有能力去消费和欣赏的。打个很简单的比方，"时尚"就好比交响乐，而"流行"则是街头小巷人人都能哼唱几句的流行乐。"流行"的事物或者观念有其"流行"的特点，人们总是能够在流行的事物或观念里面，找到某种自身需要的精神或心理上的慰藉。

借用"流行"的势头来撰写直播间标题，可以充分应用"流行"所具有的特点和喜欢"流行"的用户的动机，以此来达到增加直播间流量的目的。

在直播间标题中出现的流行元素可以是多种多样的，可以借助流行词、流行歌词或是当下正在流行的一部电视剧或是电影。借助这些被广大用户了解和津津乐道的元素，让直播间的推广变得更为简单，用户看到标题中有自己喜欢的事物时，或多或少会有一种归属感。

3. 借助名人

"名人"起先是指在某一领域有较高威望的人，如军事家、文学家、政治家、艺术家等，有时候也特指历史上有过重要贡献的人，如"名人名言"当中的名人就特指在历史上有过重要贡献的人所说的话。而现在，"名人"也指明星演员等。

"名人"相对于普通人来说有一定的权威性，人们对名人往往比较相信。比如某一品牌的手机采用当红的明星代言，那么这款手机就会因为该"名人"的知名度而销售量剧增。借助"名人"势头在现代社会已经是很常见的事情了，众多品牌在做广告时都会选择用当红的名人，借助名人的关注度，增加自己品牌或产品的关注度。

这一方法在直播间的标题创作上也一样适用。直播间的标题借助"名人"的势头可以大大加强直播间的吸引力，人们看到这样的标题时，会觉得这种标题下面所写的内容一定是"有道理"的。

借助"名人"势头制作标题的常见方法，就是在标题中直接加入"名人"的名字。因为"名人"有一定的影响力，许多用户看到其名字会更有观看直播的欲望。

4. 整合热点

在撰写直播间标题时，光关注"热点"是不够的，还要整合"热点"。零散的"热点"收集归纳出来，并做一个合理的衔接，从而帮助人们更好地共享信息和协调工作。

直播间的标题要在对"热点"进行提炼的基础上进行表达。就如同给你一堆散落在各个角落的数字拼图，你要做的工作并不仅仅是将这些散落的小零件收集起来，还要将它们有序地拼好才算完成任务。

5. 制定方案

"方案"就是针对某一工作或是某一问题所制订的计划。直播间的标题用方案借势是十分有效的打造品牌或者推广品牌的方式。大品牌运用方案的借势效果尤其明显，自己制作方案为自己的品牌或产品造势。

大品牌用方案造势的例子很多，比如现在大家熟知的"双11购物狂欢节""京东618"等活动，都是平台造势的案例。

6. 情绪带动

人们常说的情绪除了喜、怒、哀、惊、惧，还包括一些经常接触但是容易忽略的情绪，如自豪、羞愧、歉疚、骄傲等。

大部分人很容易被某一种情绪带动，尤其是人们十分关注的事情或者话题。比如"5月20日"，借助"告白"的势头所进行的有关"告白"的直播，就很容易调动用户的情绪。

这也告诉主播，在撰写标题时，要学会借助热门事件或者人们十分关注的事情，从情绪上调动用户观看的积极性，最大限度地吸引用户的注意力。

8.2.3 利用数字，直观呈现

数字的展示会给人更直观的感受，准确的数字会增加内容的说服力，数字的利用主要有6种方式，本小节将进行汇总讲解。

1. 利用人数

直播间标题中加入表示人的数量的词，可以很好地吸引用户的目光，引起用户的重视和注意，可以让用户准确地知道和了解这一直播间里面到底说的是什么，有多少人。越是简单、清楚、拿数据说话的标题，往往越能引起用户的注意。

2. 利用钱数

"钱"在人们的日常生活里扮演着十分重要的角色，是人们生活工作都离不开的重要组成部分。"钱"这一敏感的字眼不管出现在哪里都能吸引人们的视线，受到人们的关注。

带有钱的数量的数字型标题十分常见。一般说来，能让人通过标题对直播间产生好奇心的表"钱"的数量的标题有两种不同的情况。

- "钱"的数额对于普通人来说尤其巨大。
- "钱"的数额对于普通人来说很小：普通人看到这种金额比较小的标题的时候就会产生兴趣。

像这样的数额巨大和数额极小的两种极端的存在，在引起用户震惊的同时也能勾起用户的好奇心。用户在看到这种标题时会想去查看标题中所出现的"钱"的具体情况。

其实，表示"钱"的数量的直播间的标题还有一种呈现形式，那就是大数额与小数额作对比。这种标题相比于只有单一金额的标题有更强烈的对比，能给用户带来视觉和心理上的冲击。

3. 其他数量

在直播间标题上，思考的范围和题材是非常广泛的，不只是表示"人""年""天"等才会用到数量。这也要求直播间标题要合理使用数量的表示方法来吸引用户的注意。因为日常生活中所能够涉及的"物"很多，所以这一类的直播间标题在选材上是无须太过担心的。

例如利用生活中常见的物品，又或是用户想要了解却又不了解的东西。将这些用户感兴趣，或者主播有意让用户感兴趣的"物"，用醒目的数字表现出来，避免用户自己去找寻或是归纳的复杂过程，能让用户更愿意点击直播间。

4. 选择合适的时间单位

年、月、日、小时、分钟、秒都是时间单位，要选用合适的时间单位突出时间的长或者短，以吸引用户关注。例如，平时一场直播时长两三个小时，双十一时要办一场持续24小时的直播。24小时也是1天，若我们用"双十一当天直播一天"来做标题，并不能给人时间很长的感觉，而改为"双十一当天24小时直播不停"则让人感觉时间很长，是不同于以往的直播规模。

5. 用百分比

"%"表示的是一个比率，能直观地表现出所涉及事物大致有多少，表达更稳妥，也不容易出错。直播间的标题如果出现了"%"，很容易让用户注意到标题。例如标题为"无水配方89%芦荟汁"的直播间，就是利用百分比命名的。

直播间有百分比的标题，凡涉及"人"的，大部分用户都会自动把自己代入到标题所说的事情里去，然后与直播间内容进行对比，看看自己是否存在标题里说的那种情况，进而找到解决办法。

6. 成倍表达

直播间的标题中出现"倍"往往有一个对比的对象，相比某一事物，有所增长或是下降。相对于几组单纯的数据来说，"倍"这种对比的数据更能说明问题，比如"某学校今年招生人数是去年3倍"，这一句话里，可以直观地看出增长的程度。用户往往更喜欢看直接的东西，有数据就将数据展现出来，增长多少就用倍数表示，尽量减少用户去搜集资料或计算的过程，这也能够在一定程度上提高用户的观看体验。

8.2.4 通过提问，调动好奇

提问也是直播间表达的形式之一，通过提问，可以充分调动用户的好奇心。对于提问型直播间我们需要把握9大要点，本小节将进行简要汇总。

1. 疑问句式

"疑问句"常见的答案是"是"或者"不是"，但也有很多其他回答。疑问句所包含的种类有很多，日常生活中也用得十分普遍。

采用疑问句式的标题有一些比较固定的句式，比如"你知道……吗？""你是否……呢？""你有……的经历吗？"它通常都是列出一种现象或者某一事件，让用户来反观自身是否与文案标题所说的情况或者问题一样，在用户产生了疑问或者有了好奇心之后，就会到直播间当中寻找答案或者消除疑虑，直播间采用疑问式的标题，无形中就让用户参与到了问题之中。

从用户的心理层面来说，看到这种疑问式的标题，一部分用户会抱着查看自身问题的心态点击直播间，还有一部分用户会抱着学习或者好奇的心态点击，不管是哪一部分用户，在看到这样的标题时，都会对文内容产生兴趣。

直播间的标题用疑问句式的还有很多，归根结底都是用疑问引起用户的注意，而直播间标题所涉及的事物，也是人们生活中经常遇到，同时又是容易忽略的。因此，主播在撰写直播间标题的时候，要记住围绕人们生活中经常遇到的事物或是新奇的事物来写，更能引起用户的注意力，这样一来，直播间的点击率自然也就上去了。

2. 方式提问

"如何"的意思就是采用怎样的方式和方法。"如何"一词放在直播间的标题中时，有帮助用户解答某一疑惑或者解决某一问题的效果。这一类"如何"体的直播间标题所涉及的内容，大都是人们生活中遇到的困难，或者是能够方便人们生活的小技巧。

直播间标题所涉及的，也都是解决问题或者解决困扰的方式方法，针对的用户范围很广，不会像很多其他的直播间一样，有十分精确的用户群，这样的直播间标题所提及的问题是很多人都可能遇到的。

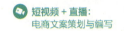

直播间标题采用"如何"体这种方式来命名有一定优势，主要表现如下：一般人在看到解决某一事情的方法和技巧的时候，不管自己存不存在这样的问题，或是会不会遇到这样的问题，都会在看到这样的标题时，想要观看与学习解决这一问题的办法，也有部分用户是因为对直播间标题所提及的问题感兴趣。

3. 反问标题

"反问句"是集问题和答案于一身的特殊句式，一个反问句的提出并不是为了得到某一个答案，而是在于加强语气。反问句相对于其他句式的句子来说，语气更为强烈。将这样的句式运用到直播间的标题当中，也能起到加强标题语气的效果。比如"你难道不应该去试一下这个产品吗？"言外之意就是你应该去尝试和购买该产品。又或者，"你怎么能这样做呢？"这一反问句的意思就是"你不能这样做。"

反问句常用的句式大都是否定疑问句，也就是疑问词加否定词，既然是否定疑问，那就是肯定了。这样的句式放在直播间标题当中，也能代表主播的一种观点和态度。

直播间的标题采用反问句式，能大大加强标题的语气和气势，从用户的角度来说，这样的强调语气更能引起用户的注意和兴趣，能大大提高直播间的关注度。

4. "文题相符"

"文题相符"就是直播间标题所提的问题和直播间内容相符合。主播在撰写直播间标题的时候，要保持标题和直播内容是有关联的，不能做"标题党"。

"标题党"为了夸大标题的影响力，一味地在标题上下工夫，有一部分"标题党"为了在标题上吸引用户，纯粹是为了提高标题吸引力而提问，当用户点进直播间，才发现自己被标题给"骗"了。

如果纯粹为了吸引用户注意，打造出与直播内容不相符的调动用户好奇心的问题标题的做法，对于主播和品牌来说，是得不偿失的——在失去了用户的信任的同时，也失去了用户。直播间如果没有用户阅读，也就失去了存在的意义。

5. 思考角度

直播间的标题其实是在描述一个事件或者一个观点。事件或者观点可以是多方面的，从不同的角度看问题的话就会有不一样的效果。

当主播面对一个事件时，除了要用正确的价值观引导和正确说明该事件或观点以外，最好能选择一个新奇的角度，用与常人不一样的想法来看待这一事件或者观点，会惊艳用户。这就要求主播在撰写提问式的直播间标题时，要选好角度，出其不意。

当然，这里所说的角度并不是说这一标题是站在主播还是用户的角度来说，而是只针对这一事件或者观点的某一角度。例如，对于"某人在游乐场夹娃娃每一次都夹到"这件事来说，主播可以从"夹娃娃机的机器设计"来说这一事情，也可以从"夹娃娃的攻略"这样的角度。同一个事情不同的人看到的角度是不一样的，作为直播间的主播，看的角度要比普通人多才行。

对于提问型直播间标题来说，更应该找好问题的角度，从不同的角度去看待问题和提出问题，会给用户一种新奇感。提问型标题更多的是向用户提问，有了提问这一个形式，就会让用户也参与进来。

直播间标题的提问可以分为两个部分，一种是主播自己向自己提问，多是阐明主播自己的观点；还有一种是向用户提问。不管是向谁提问，每个部分都可以找到不同的角度，从不同的角度进行提问，才能成功吸引用户的关注。

6. 注意提炼

"提炼"是一个"取其精华"的过程，将重要的、突出的、精华的部分单独拿出来。对于直播间的标题，"提炼"就是将直播内容的重点提取出来，过程相当于归纳直播间的中心思想。

直播间的提问式标题注意提炼是十分必要的。提问式标题相当于主播在向用户提出问题，这个问题不管是想让用户来回答，还是只是想让用户在直播间寻找答案，都是需要提炼重点的。

7. 适当创新

直播行业发展之快，超出人们的想象，这也给主播提出了更新、更高的要求。直播间的标题要注意创新和突破。

提问式的直播间标题的句型看上去好像已经固定了，除了一些比较常用的固定搭配，如"为什么……""难道……""怎样……""如何……"等以外，还有一些其他的固定句型。提问句式的句型很多，但很多时候无法在句型上面做出过多的创新，既然句型无法做出太大的突破，那就在提问的技巧和方式上面寻找创新和突破了。

创新型的提问式直播间标题会让用户有焕然一新的感觉，不同于一般的提问，注重提问技巧的直播间标题，会让用户更愿意点击直播间查看内容。

8. 巧用设问

"用户"作为观众，对直播间的发展起着十分重要的影响，正所谓"顾客就是上帝"。直播间里"用户"就是"上帝"了。直播间如果没有用户点击，也就失去了存在的价值。

直播间只有被用户点击，有用户的参与互动，才是成功的。这也要求主播在撰写直播间标题的时候，要注意拉近与用户的距离，让用户愿意参与到直播间当中，这样能体现出它的存在价值。

那么，标题设置时如何拉近与用户的距离？具体说来，主要办法如下。

- 所写内容多涉及用户身边所发生的事情；
- 所写内容多是人们关注和感兴趣的事情；
- 所写内容中提及的问题多是站在用户的角度去考虑的。

可见，提问式的直播间标题要想拉近与用户的距离，除了引入用户关注的事情或者是用户身边发生的事情以外，还要站在用户的角度去提问。

9. 明知故问

"反问式"直播间标题，也就是明知故问的一种提问式标题。"反问"之所以会比陈述句更具有强调性，是因为反问在句式上通过问句的形式，达到让用户反省，或者发现直播间标题所涉及的一些问题。

"反问式"标题既然是想让用户反省，或者是发觉某些问题，主播的提问方式就要尽量简洁明了，反问语气要干脆，不拖泥带水，能一下就点到重点，才能让用户信服。

8.2.5 修辞表达，提升语言

直播间标题可以利用修辞表达提升标题的语言。具体来说，提升语言主要有以下7种方法。

1. 比喻

比喻是一种修辞手法。用与A有相似之处或者共同点的B来形容A，从而达到让人们认识或感受A的目的。比喻的种类很多，生活中最常用的三种比喻类型有：明喻、暗喻、借喻。

（1）明喻又叫直喻，指直接就能看出是比喻句，比如，"像……""如……""仿佛……"等，这一类十分简单，也是最常见到的。

（2）暗喻又叫隐喻，指比喻句中，出现的比喻词不是常见的，如"是……""成了……"等，比如"这一刻，我在草原上奔跑，于是，我也成了那头敏捷的小鹿"，这里面的"成了"就是喻词，把"我"比作"小鹿"。

（3）借喻，相对其他种类的比喻句来说，借喻是比较高级的比喻形式，它的句子成分看不出明显的本体、喻体和喻词，通过本体和喻体及其亲密的联系来达到比喻的效果，比如"那星光，也碎做泡沫，在海中散开"。

直播间"比喻式"标题，可以让用户在看到标题之后，对标题里所涉及的东西有豁然开朗的感觉。用这一修辞技巧，也是要给用户制造一点不一样的观看感受。在"比喻式"直播间标题当中要注意比喻是否适用于这一直播间的内容，还要注意比喻元素的齐全性。

2. 事物拟人

拟人，是将"非人"的事物人格化，使它们具有人的特点，比如具有人的感情、动作、思想等。运用拟人的写作手法，可以让描写的事物更加生动、直观和具体，也更能让用户觉得亲切。基于此，把拟人这一修辞格运用在直播间的标题和直播间脚本策划上不失为一种好的创作方法。

"拟人"这一修辞手法在写作过程中还分为不同的种类，要注意根据不同的情况对所写的内容进行"拟人化"。

3. 标题对偶

"对偶"也被称为对仗，指的是句子字数相等，意义相似，对仗工整的一句话或者是几句话，最常见的对偶是两句话。这样的句子通常前后联系紧密，不可分割。对偶的恰当运用能够让句子结构更加富有层次，更有韵味，也更能吸引人的注意。对偶之所以在很多地方被运用，是因为采用对偶的形式还会让句子变得更加凝练精巧，读起来朗朗上口。

对偶式标题前后句相互映衬，相互作用，不可分割。直播间的标题采用对偶的方式，会让标题具有节奏感强、易于记忆等特点，同时，也能让标题更容易传播和推广，从而达到扩大标题的影响力的目的。

需要注意，如果句子太多太长，一方面会受到标题字数的限制，另一方面也会给用户带去不好的阅读体验，容易视觉疲劳，所以，"对偶式"直播间标题最好只有两句，字数也要尽量精简，这样才能让用户一个比较好的视觉感受和观看体验。

4. "谐音梗"

谐音就是指拿同音不同字或者读音相近但意思不同的字或者词来形容某一物的一种修辞手法，以达到出其不意的效果。

直播间标题如果采用谐音式，会让内容更加富有意趣。另外在直播带货时，也可以适度使用谐音梗。

直播间采用谐音式标题能大大提高标题的关注度。用户在看到这类带有谐音的标题时，不仅会觉得十分有趣，而且能理解主播想要表达的意思。特别是精炼式的谐音标题，更容易被人记住和传播。

5. 利用幽默

幽默式标题通常以出其不意的想象和智慧让用户忍俊不禁，在使直播标题吸引人的同时，还能让人印象深刻，发人深省，激发用户观看直播的兴趣。直播间用到幽默式标题，不仅能够让用户会心一笑，还能让用户在笑过之后理解标题更深层的意思，达到主播预期的目的。

6. 灵活运用

"灵活运用"并不是直接引用别人的话语、对别人的东西照抄照搬，或者是强行引用名家诗句或典故，将根本没有关联的两个事物硬要凑到一起，反而会惹来不少笑话。在历史上像这种生搬硬套的事情数不胜数，如"东施效颦""照猫画虎""削足适履"等，所说的都是对别人的东西照抄照搬，不切合自身实际。

主播不能将与文案内容毫无联系的名家诗词或者典故，直接套用到文案标题当中，如果直接套用毫无联系的诗词典故，只会让用户觉得主播的水平以及知识涵养很低，同时也会造成牛头不对马嘴的情况。主播在引用诗词典故的时候，应当注意正确引用，切记要与直播所讲的内容有联系。

7. 多种引用

主播在撰写引用诗词典故的直播间标题时，要学会用多种方式来引用，使标题的形式更加多样化，也能让直播间达到更好的效果。可以直接引用诗词典故，也可以加工后再引用，或者不改其意而诠释标题，就是指不改变直播间标题里所引用的诗词典故的意思，而让它对直播内容起到一个诠释的作用。

第 9 章
语言表达，锻炼口才

学前提示

每一个表现出色的主播都拥有强大的语言表达能力。

如何提高语言表达能力，锻炼自己的口才呢？本章将从 3 个角度讲解提高语言表达能力的方法。

9.1 语言表达，能力培养

直播最大的特点之一是具有强互动性，主播的语言表达能力对直播间影响很大。如何培养、提高语言表达能力呢？本节就来回答这个问题。

9.1.1 多方提高，语言能力

直播中，主播的语言表达能力将在一定程度上影响其货能力。要提高个人表达能力，主播可以重点做好以下5个方面的工作。

1. 注意语言表达

在语言表达上，主播需要注意话语的停顿，把握好节奏；语言表达应该连贯，听着自然流畅。如果不够清晰，可能会在用户接收信息时造成误解。应该在规范用语的基础上发展个人特色，形成个性化与规范化的统一。

总体来说，主播的语言表达需要有规范性、分寸感、感染性、亲切感这些特点，具体分析如图9-1所示。

图9-1 主播语言的特点

2. 结合肢体语言

单纯的语言可能不足以表达情绪，主播可以借助动作、表情进行辅助表达，尤其是眼神的交流，其次夸张的动作可以使语言更有张力。

3. 自身知识积累

主播应注重自身修养的提高，通过多阅读来增加知识积累。大量的阅读可以提高一个人的逻辑思维能力以及语言组织能力，进而帮助主播提升语言表达

4. 进行有效倾听

和用户聊天谈心，除了会说，主播还要懂得用心聆听。在主播和用户的互动过程中，虽然表面上看是主播在主导，但实际上是以用户为主的。主播要想了解用户关心什么、想要讨论什么话题，就一定要认真倾听用户的心声和反馈。

通常，用户在观看直播时都会通过发评论与主播沟通。此时，主播应留意评论区，了解用户的心声。如果用户有什么疑问，可以在第一时间帮助解决。

5. 注意把握时机

良好的语言能力也需要主播挑对说话时机。主播在表达自己的见解之前，必须把握好用户的心理。

比如，对方是否愿意接收这个信息，又或者对方是否准备听你讲这个事情。如果主播丝毫不顾及用户的感受，不会把握说话的时机，那么只会事倍功半，甚至做无用功。打个比方，一个电商主播在购物节时向用户推销产品，并承诺给用户折扣，用户这个时候应该会对产品比较感兴趣，再加上购物节的影响，大概率会下单购买。

总之，把握好时机是主播是主播需要掌握的重要能力，只有选对时机，才能让用户接受你的意见，对你讲的内容感兴趣。

9.1.2 幽默风趣，折射涵养

有人说，语言的最高境界是幽默。幽默表达不仅让人觉得很风趣，还能体现一个人的内涵和修养。一个专业主播必然少不了幽默技巧。主播可以从4个方面让自己的表达更加幽默风趣。

1. 收集素材

善于利用幽默技巧，是一个专业主播的必备技能。主播可以利用生活中收集的幽默素材培养自己的幽默感。可以多观看他人的幽默段子以及热门的"梗"，先模仿，找到方法后再创新。用户都喜欢听故事，在故事中穿插幽默会让用户更加全神贯注。

幽默也是一种艺术，艺术源于生活而高于生活，幽默也是如此。生活中很多幽默故事就是由生活的片段和情节改编而来。

2. 抓住矛盾

当主播已经有了一定的阅历，对自己的粉丝也比较熟悉，知道对方喜欢什么

或者讨厌什么时，就可以适当拿粉丝讨厌的事物开玩笑，以达到幽默的效果。

例如，粉丝讨厌食堂的饭菜，觉得不好吃，主播就可以这样说："今天我带着自己做的辣椒酱，才勉强吃下了食堂的饭"。抓住事物的主要矛盾，才能摩擦出不一样的火花。主播在抓住矛盾、培养幽默技巧的时候，可以遵循这6点：积极乐观、与人为善、平等待人、宽容大度、委婉含蓄、把握分寸。

主播在提升自身的幽默技巧时不能忘了应该遵守的原则，这样才能更好地引导用户，给用户带来高质量的直播。

3. 幽默段子

"段子"本身是相声表演中的一个艺术术语。而现在，它的含义不断拓展，多了"红段子、冷段子、黑段子"，近几年频繁活跃在互联网各大社交平台。

幽默段子作为最受人们欢迎的幽默方式之一，得到了广泛的传播和发扬。微博、综艺节目、朋友圈里将幽默段子运用得出神入化的人比比皆是，这样的幽默方式也赢得了众多粉丝的追捧。

幽默段子是吸引用户注意的好方法。主播想要培养幽默技巧，就需要努力学习段子，用段子来征服粉丝。例如，段子手朱广权，他在新闻直播间内总是能讲出各种类型的幽默段子，因此吸引了不少粉丝。

4. 自我嘲讽

很多主播会通过自我嘲讽的方式来将自己"平民化"，逗粉丝开心。自我嘲讽这种方法只要运用恰当，达到的效果是相当不错的。当然，主播要把心态放正，将自黑看成是一种娱乐方式，不要太过认真。

例如，主播冯提莫常常会遭到粉丝对她身高的嘲讽，她在《脱口秀大会》上就自己的身高进行了自我嘲讽。冯提莫表示：以后在蒙面类节目可以先看脚上穿的是什么鞋，如果是一个穿着15厘米的高跟鞋的女性，那不用猜，这个人就是她（指冯提莫自己）。意思就是说她的个子比较矮，为了让自己不显得那么矮，她会通过穿高跟鞋来进行调整。

9.1.3 直播内容，做好策划

直播是一个系统工程，要想做好一场直播，就要先规划直播的内容。以电商直播为例，做直播内容策划时需要把握以下重点。

1. 介绍产品特点

需要让用户了解主播的带货产品，可以直截了当地介绍产品的特点。例如，在介绍纸尿裤时，可以介绍纸尿裤的弹性很好，同时在屏幕前演示，如图9-2所示。

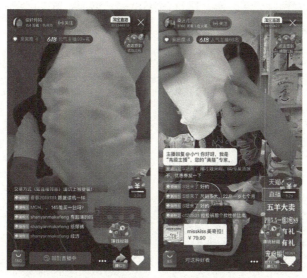

图9-2 纸尿裤的优点讲述以及展示

2. 介绍产品价格

熟悉产品之后，需要介绍产品的价格，可以突出本次直播的优惠力度，以及购买福利，还可以借助动作手势辅助表达。主播介绍时，直播间下方的产品信息栏中也会显示产品的价格，如图9-3所示。

图9-3 左下角产品信息栏中的价格显示

3. 试穿效果展示

在服饰类直播中，可以通过试穿向用户展示效果。图9-4所示为淘宝直播中主播试穿汉服的效果展示。

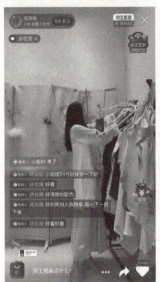

图9-4 淘宝直播中主播进行汉服试穿的效果展示

4. 介绍产品数量

产品数量包括直播间本次上架的数量以及剩余数量。主播可以对上架的产品数量进行限制或者将产品分批次上架，营造紧张的气氛。例如，主播可以对用户说："×××库存仅100件，先付款先得。"如果产品没有了，或者已经下架了，主播也需要在直播间内提醒用户。

9.1.4 粉丝提问，积极应对

很多主播会借助热点事件吸引用户观看直播。而粉丝观看直播时，也会想知道主播对某些热点问题的看法。主播应该正确评价热点事件。当用户向主播提问时，主播一定要积极回复。这不仅是态度问题，还是获取用户好感的一种有效手段。主播应该做到两点。

一是用户提问后，尽快作出回复，让用户觉得你一直在关注直播间的评论。

二是尽可能多地对用户的提问作出回复，这可以让被评论的用户感受到你对他的重视。主播回复的弹幕越多，获得的粉丝可能就会越多。

值得注意的是，主播千万不能为了吸引粉丝而做出一些有违常理，甚至有违道德或法律的回复。这样虽然可能会在短时间内获得较多关注量，但是这种关注是不能长久，且不可持续的。另外，比较严重的错误不仅会遭到粉丝的抵制，平台还会封禁账号。

9.2 提升技能，避免冷场

如果主播不知道如何聊天，遭遇冷场怎么办？为本节将提供4点直播聊天的小技巧，为主播解决直播间"冷场"的烦恼。

9.2.1 感谢之情，随时表达

俗话说得好："细节决定成败！"如果直播过程中对细节不够重视，用户会觉得主播有些敷衍。这种情况下，粉丝很可能会快速流失；相反，如果主播对细节足够重视，用户会觉得你在用心运营。用户在感受到你的用心之后，会更愿意成为你的粉丝。

直播过程中，主播应该随时感谢用户，尤其是进行打赏的用户。另外，直播运营者还可以设置欢迎词，对新进入直播间的用户表示欢迎。图9-5所示为两个直播间的相关画面，可以看到在这两个直播间设置了欢迎词。

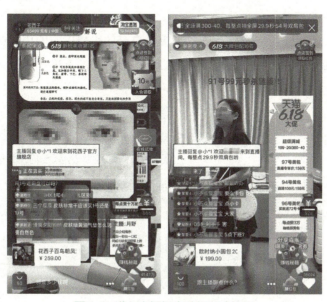

图9-5 进入直播间自动提示欢迎词

9.2.2 把握尺度，适可而止

在直播聊天的过程中，主播要把握好度，懂得适可而止。曾有不少主播因为开玩笑过度而遭到封杀。还有一些主播为了火，故意蹭一些热度。例如，在地震的时候"玩梗"或者发表一些负能量的话题。结果反而遭到用户的举报，最后被禁播。

如果在直播时不小心说错话，惹怒了粉丝，主播应该及时向粉丝道歉。例如李佳琦与杨幂一起直播时，不小心说错话，直播后在微博上向观众以及杨幂进行了道歉，如图9-6所示。

图9-6 李佳琦的道歉微博

9.2.3 换位思考，为人着想

面对用户表达个人建议时，主播可以站在用户的角度进行换位思考，这样更容易了解用户的感受。

主播可以通过学习以及察言观色来提升自己的思想以及阅历，认真观察并总结直播以及线下互动时粉丝的态度，用心去感受粉丝的态度。为他人着想可以体现在3个方面，如图9-7所示。

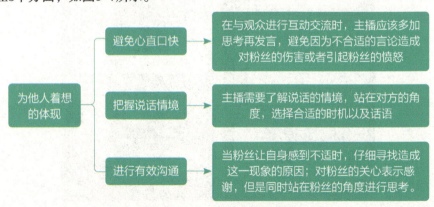

图9-7 为他人着想的体现

9.2.4 谦虚有礼,态度端正

面对粉丝的夸奖以及批评都需要谦虚有礼,保持端正的态度。保持谦虚低调,能让主播的直播生涯更加顺畅,获得更多"路人缘"。

例如主播张大仙一直努力直播,即使被抨击也并不会回击,而是欣然接受,谦虚的态度使得他的路人缘很好。还有主播旭旭宝宝,为人很低调、谦虚,受到众多粉丝的喜爱。图9-8所示为"旭旭宝宝"斗鱼平台鱼吧主页,可以看到其中的帖子数超过了50万。

图9-8 "旭旭宝宝"斗鱼平台鱼吧主页

9.3 销售语言,提高变现

主播要想赢得流量,获取用户的关注,就要掌握好销售语言。本节将介绍5种方法,帮助主播提高销售变现能力。

9.3.1 提出问题，直击痛点

如何在直播中提出问题？以电商直播为例，在介绍之前，主播可以利用场景化的内容，先讲述自身的感受和烦恼，然后引出问题，并且让这个问题在直播间保持话题。

图9-9所示为某直播的相关画面，该直播中主播针对"脸上长痘"这个痛点，为用户提供解决方案。

图9-9 针对用户痛点进行的直播

9.3.2 关注问题，增加购买

在提出问题后，还可以将问题适当放大。例如美妆产品类直播中，主播可以将防晒的重要性以及不做防晒的危害进行重点说明，让用户在更加注意防护的同时，提升用户购买相关产品的意愿。

某淘宝直播中，主播通过介绍美白护肤的重要性以及不做护肤可能产生的一系列问题，接着再介绍产品的功能，以增加用户对防晒产品的购买欲望，如图9-10所示。

图9-10 淘宝直播中通过放大问题增加购买意愿

9.3.3 引入产品，解决问题

介绍完问题后，主播可以引入产品来解决问题。例如解决这些问题的方法有哪些？减肥通常是大多数女生会讨论的话题，如何减肥？方法有许多，主播可以从不同的角度来讲解，例如，饮食上进行控制，介绍完如何控制饮食，可以进行一些健康的代餐产品推荐。图9-11所示为引入代餐产品的直播。

图9-11 引入代餐产品的直播

除了控制饮食之外，还可以进行服饰的推荐，例如，如何搭配显瘦，接着进行一些自用的穿搭推荐，还可以从运动上进行讲解，例如瑜伽垫、瑜伽球等。

9.3.4 详细讲解，提高价值

引出产品之后，还从以下几个角度来介绍产品，从而更好地提高产品的价值，如图9-12所示。

图9-12 提升产品价值的讲解角度

图9-13所示为SK-Ⅱ的直播画面。这场直播中，主播对SK-Ⅱ这个品牌和SK-Ⅱ旗下产品的独特成分进行了详细的讲解。SK-Ⅱ本来就是国际知名的化妆品品牌，相关产品的功效也获得了许多人的认同。所以，该直播很快就获得了一定的购买量。

图9-13 SK-Ⅱ的直播画面

9.3.5 降低门槛，击破防线

最后一种方法是降低门槛，讲完优势，提高了产品价值后，主播应该向用户介绍本场直播中购买产品的福利，或者利用限制数量来制造紧张感，让消费者产生消费冲动，在直播间下单。

图9-14所示为某直播销售的商品。可以看到，商品的价格都比原价低一些，买套装或者多买几件还有叠加优惠。当主播用销售语言推荐一番后，许多用户的心理防线就会被击破。

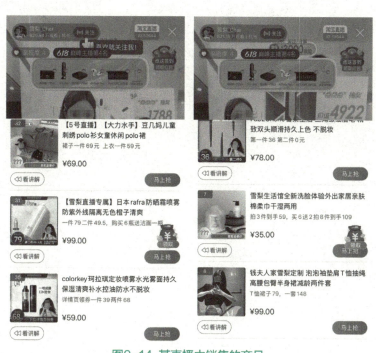

图9-14 某直播中销售的商品

第 10 章
营销话术，引导销售

学前提示

同样是做直播，有的主播一场直播可以带货上千万元，有的主播却没卖出几件产品。

之所以会出现这种差异，其中一个重要原因就是前者懂得通过营销话术引导销售。

10.1 策划脚本，制定话术

电商直播中，主播在向观众、粉丝进行商品展示的同时，还需要联络商家和粉丝。有时候一场直播的时长可以达到10多个小时。

直播中的产品展示以及销售，都需要主播在镜头前向观众、粉丝进行讲解。为了让整场直播顺利进行，同时也为了更好地制定带货话术，就需要对直播的脚本进行策划。

直播脚本可以让主播和工作人员提前准备直播需要进行和处理的一系列事情，可以帮助主播有目的、有重点地进行商品的推广工作，制定带货话术。

设置直播脚本，可以让主播和工作人员提前进行一个直播演习，让每个人都明白自己的岗位和需要处理的事情，以保证正式直播时可以顺利地进行下去。脚本的制定可以让整场直播能够有序进行。对于主播来说，开播前整理并熟悉直播脚本，能更好地根据直播内容制定带货话术。

直播有清晰、规定的流程步骤，思路才不会乱，主播也可以更好地通过话术引导客户下单，提高自己的带货率。

除此之外，直播脚本还可以帮助主播应对突如其来的提问，运用相关话术快速找回自己的重心。例如，当用户询问为什么要买你的产品时，主播可以结合脚本制定的相关话术，不慌不忙地将产品的卖点传递出去。

如何策划直播脚本，并根据直播脚本制定带货话术呢？这一节就进行简单的介绍。

10.1.1 直播大纲，规划方案

主播要想拥有一份完美的直播脚本，使自己的直播销售顺利进行，首先要了解直播脚本涉及哪些方面或者说有什么具体要求。下文介绍了有关直播脚本的信息，帮助读者更好地了解直播脚本，从而在此基础上制定带货话术。直播脚本分为直播主题和直播目的两个方向，如图10-1所示。

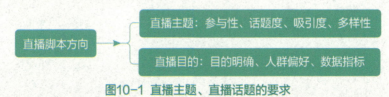

图10-1 直播主题、直播话题的要求

1. 直播主题

直播主题要尽量选择用户参与度高的，主题最好拥有一定的话题性。主播在日常直播的过程中，可以穿插不同的话题，通过相关话术和用户进行讨论和互动。此外，直播主题还应该有吸引力和多样性。主题要有吸引力是因为主题对用户的吸引力，在一定程度上决定了用户是否愿意点击观看你的直播，主题多样性则需要主播在设置分享话题的时候，采取不同的表达方式。

图10-2所示为天猫6.18的主题直播。因为参与天猫6.18活动的产品，价格通常都比较优惠。所以这种主题直播的用户参与度比较高，直播的话题性也比较容易得到保障。如果再加上主播多样性的表达，这一类直播对用户的吸引力自然比较高。

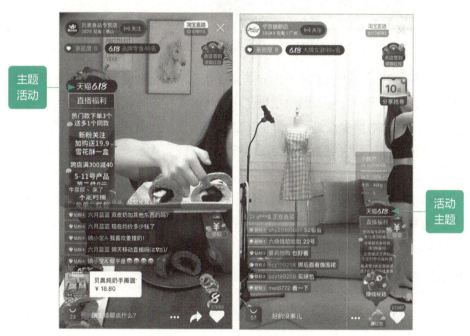

图10-2 直播间的活动主题

2. 直播目的

目的明确就是让工作人员和主播在开播前清楚这场直播的目的，例如是拉新，还是周年庆、清仓。同时，主播可以根据直播的目的制定对应话术，更好地引导用户购买产品。图10-3所示为以拉新为目的的直播。可以看到，为了更好地达到拉新的目的，直播间中放置了拉新福利的贴纸。

图10-3 以拉新为目的的直播

人群偏好则要主播去了解产品的主要受众群体，这样就可以在设置直播间活动和制定带货话术的时候，偏向主要受众群体最关注、在乎的一面。

如果产品的主要受众是二十岁上下的年轻女性，主播在做粉丝福利的时候，就应该选择这一年龄层更加能接受的东西，如口红、香水，这样才能引起主要受众的关注。

数据指标，也就是主播可以对直播的点击观看人数、互动率等数据指标进行分析，来确定这场直播做的是否优秀。主播还可以通过数据的检测，制定对应的带货话术，更好地提高直播间的活跃度。

10.1.2 策划方案，直播有序

当机构和主播确定好直播脚本的方向后，为了使整场直播顺利进行，就需要制定出清晰而明确的活动策划方案。

这样便于工作人员对活动方案有一个明确的认知，以及判断它的可操作性，在这个部分，需要让所有参与直播的工作人员了解活动策划要点、类型以及产品的卖点、直播间的节奏，从而据此制定相关的话术，保证直播的有序进行。

1. 活动策划要点

脚本策划人员在制作脚本时，可以根据实际情况，考虑一次制作完一周的直

播间脚本。这种节奏，便于主播、工作人员进行时间安排，同时也能使一周的直播任务上下衔接清楚。临时做脚本策划的话，会有很多事情没有办法考虑周全。

除此之外，在做直播脚本的时候，可以把活动策划的点细分到直播的每个时间段。这样可以让主播把握整个直播节奏，通过话术从容带货。

2. 活动策划类型

活动策划的类型有以下两种。

（1）**通用、基础活动**。这种活动的力度属于中等程度，常见的活动形式包括新人关注专项礼物、抢红包雨、开播福利、下播福利等。图10-4所示为直播间设置的新人关注专项礼物。

图10-4 新人关注专项礼物

在直播中，不同的时间段有什么通用活动，都需要在脚本中明确好，这样主播才可以通过话术从容地引导观众、粉丝，增加用户的停留时间，从而提高直播间的流量。

（2）**专享活动**。这种活动的力度比较大，可以设置成定期活动，比如主播固定进行每周1元秒杀、周二拍卖等，或其他类型的主题活动。

这种大力度的周期活动不要求每天都进行，但活动力度一定要大，这样才可以通过话术的引导，快速提高产品的销量。同时，由于这种活动的吸引力度很大，可以促使观众记住这个直播间。图10-5所示为直播间的秒杀和限时专享活动。

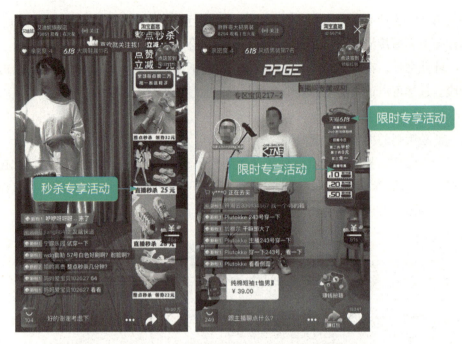

图10-5 秒杀和限时专享活动

3. 产品卖点和节奏

直播间的商品可以分为爆款、新品、常规、清仓这几种类型。主播需要对不同类型的商品进行卖点提炼，同时要在直播脚本上安排固定的时间段进行商品推荐和商品讲解步骤，这些都需要注意。

如果是服装类的带货产品，需要主播不断补充相关的服装知识，因为服装流行的款式、风格一直在不断更迭代。如果主播在开播前没有熟悉直播间流程和商品信息，就容易处于一种尴尬、冷场的局面，直播过程中该有的商品推荐、销售节奏就乱了。

10.1.3 了解产品，展示卖点

产品卖点可以理解成产品的优势、优点、特点，也可以理解为自家产品和别人家产品的区别，怎么让用户选择自家的货品，和别家的产品相比，自家产品具有的竞争力和优势在哪里。

在销售过程中，用户或多或少会关注其中的某几个点，并在心理上认同该产品的价值，在这个可以达成交易的最佳时机，促使用户产生购买行为的，就是产品的核心卖点。

找到产品的卖点,也就是让产品可以被用户接受,并且认可其利益和效用,最后达到产品畅销和建立品牌形象的目的。在此过程中,有两个关键点,一是要找到产品的卖点,二是结合卖点制作带货话术,通过话术引导销售。图10-6所示为哺乳期上衣的宣传的直播,卖点就是方便外出为婴儿哺乳。

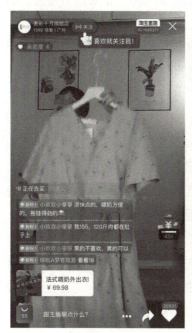

图10-6 产品卖点是商品主要介绍的宣传点

主播在直播间进行服装销售时,要想让自己销售的商品有不错的成交率,就需要满足目标受众的需求点,而满足目标受众的需求点需要通过挖掘卖点,并根据卖点制定带货话术来实现。

但是,如果产品只是满足了用户的基本需求,却体现不出自身的优势,那卖点也不能称之为卖点了。想要使商品最大化地呈现价值,主播就需要学会从不同的角度挖掘商品的卖点。

1. 产品风格

以服装直播为例,主播可以根据款式风格设计一些新颖的宣传词,从而吸引粉丝的注意。通过合适、恰当的宣传语激发用户的好奇心,使其向往宣传语中营造的服装效果,从而下单购买。

2. 产品质量

产品质量是影响用户满意度的重要因素。大部分人在选购产品时，都会考虑产品的质量。对于大多数人来说，质量的好坏决定了他是否下单，以及是否愿意再次购买。

另外，随着社会的不断发展，人们的收入增多、消费能力增强、消费需求发生变化，开始追求产品的质感。

对于服装，用户除了关注服装的实用性、耐用性外，还会考虑服装是否舒适、简单。为此，很多的服装品牌、商家想要展现产品的卖点时，会在体现产品的特色时，注重其质量方面的展现。

所以，主播在挖掘服装卖点的时候，可以尽情地向观众、粉丝展示服装的质量情况。例如，这款衬衫可以体现穿着者的优雅气质，而且衬衫不易起皱，不用费时打理；这款裙子质地轻薄，非常轻盈，特意搭配内衬，不易走光。

在美妆产品上，可以挖掘产品的使用感，例如粉底液，主播可以介绍其妆感自然，具有"奶油肌"的妆面效果，并且超长持妆，24小时不脱妆等。

3. 流行趋势

流行趋势代表有一群人在追随这种趋势。主播在挖掘产品的卖点时，可以结合当前流行趋势来找产品的卖点，并根据趋势制定话术，这也一直是各商家惯用的营销手法。

图10-7 结合流行趋势突出卖点

例如，近年来流行bm的穿衣风格，其标志性的穿搭为比较短、紧的上衣。因此，各大电商的服装直播，以及线下的实体店铺进行的直播，服装类型也多为修身的短款上衣，如图10-7所示。

例如，当市面上大规模流行莫兰迪色系时，服装的宣传介绍上可以标注莫兰迪色标签以吸引消费者的关注，引导用户进行购买。

4. 明星同款

明星同款，表示的是明星使用过的同款产品。大众对于明星的一举一动都非常关注，他们希望可以靠近明星的生活。这时，明星同款就成为服装非常好的一个宣传卖点。

名人效应早已在生活中的各方面产生了一定的影响，例如，选用明星代言广告，可以刺激粉丝消费；明星参与公益活动项目，可以带领更多的人去了解、参与公益。名人效应也是一种品牌效应，它可以带动相应人群。

主播只要结合销售话术利用名人的效益来营造、突出服装的卖点，就可以吸引消费者和粉丝的注意力，让它们产生购买的欲望。

5. 原创设计

知名设计师所设计的产品每一次面世，都能吸引大家的目光。对于大众来说，知名设计师所设计的产品，在一定程度上代表着流行、出色。

图10-8 原创设计作为卖点

消费者出于对设计师个人的崇拜、追随以及信任，往往会购买，甚至抢购设计师的作品。所以，主播在挖掘产品的卖点时，如果这款产品是设计师款，就可以通过销售话术重点进行突出。图10-8所示为某原创品牌的直播，可以看到直播中展示的产品都带有品牌LOGO，所以其卖点就是产品的原创性。

6. 消费人群

不同的消费人群对于服装的关注、需求点不同，主播面对这种情况，需要有针对性地突出服装的卖点，从而满足不同用户群体的需求。

例如，关于裙装，对于成人服装款式来说，需要在卖点上突出服装的美观性、多功能性；而对于童装服饰，它的设计和风格就要突出可爱的风格，卖点宣传上会偏向于服装的实用性、舒适性。

7. 出色细节

主播在进行直播销售时，可以着重展示产品比较出色的设计，这种细节往往能吸引消费者的目光，打动消费者，促使他们产生购买欲望。

以服装类产品为例，由于服装穿在身上，很难把服装的细节特色展现出来，这时可以通过拍摄照片对服装的细节之处进行醒目的展示。这是利用消费者希望自身的形象更加有特色和新颖，同时让追求细节的消费者看到想要的细节展示。

图10-9　主播贴近镜头展示服装

另外，主播在拿到服装后，发现服装的某个设计特别好，想展现给屏幕前的粉丝看，吸引他们的注意力；或者有粉丝提出想看主播身上服装的某个细节。这时，为了激发粉丝的购买欲望，解决粉丝提出的需求，就可以采取直接靠近镜头的方式，把服装的特色设计展现出来，以此形成卖点。图10-9所示为主播直接通过镜头向粉丝展示服装细节的效果。

10.2 通用话术，必须掌握

在直播的过程中，主播如果能够掌握一些通用的话术，会获得更好的带货、变现效果。这一节就对5种直播通用话术进行分析和展示，帮助大家提升带货和变现能力。

10.2.1 用户进入，表示欢迎

当用户进入直播间，直播的评论区会有提示，主播应对其表示欢迎。为了避免欢迎话术过于单一，主播可以根据自身和观看直播的用户的特色来制定具体的欢迎话术。常见的欢迎话术有以下4种。

（1）结合自身特色。如："欢迎××来到我的直播间，希望我的歌声能够给您带来愉悦的心情"

（2）根据用户的名字。如："欢迎××的到来，看名字，你是很喜欢玩《××××》游戏吗？真巧，这款游戏我也经常玩！"

（3）根据用户的账号等级。如："欢迎××进入直播间，哇，这么高的等级，看来是一位大佬了，求守护呀！"

（4）表达对忠实粉丝的欢迎。如："欢迎××回到我的直播间，差不多每场直播都能看到你，感谢一直以来的支持呀！"

10.2.2 用户支持，表示感谢

当用户在直播中购买产品，或者给你刷礼物支持你时。可以通过一定的话语对用户表示感谢。

（1）对购买产品的感谢。如："谢谢大家的支持，××不到1小时就卖出了500件，大家太给力了，爱你们！"

（2）对刷礼物的感谢。如："感谢××的嘉年华，这一下就让对方失去了战斗力，估计以后不敢找我PK了。××太厉害了！"

10.2.3 通过提问，提高活跃

向用户提问时，主播要使用能提高用户积极性的话语。主播可以从两个方面进行思考，具体如下。

（1）提供多个选择项让用户自己选择。如："接下来，大家是想听我唱歌，还是想看我跳舞呢？"

（2）让用户更好地参与其中。如"想听我唱歌的打1，想看我跳舞的打2，我听大家的安排，好吗？"

10.2.4 引导用户，为你助力

主播要懂得引导用户，根据自身的目的，让用户为你助力。对此，主播可以根据自己的目的，用不同的话术对用户进行引导，具体如下。

（1）引导购买。如："天啊！果然好东西都很受欢迎，半个小时不到，××只剩下不到一半的库存了，要买的宝宝抓紧时间下单哦！"

（2）引导刷礼物。如："我被对方超过了，大家给给力，让对方看看我们真正的实力！"

（3）引导直播氛围。如："咦！是我的信号断了吗？怎么我的直播评论区一直没有变化呢？喂！大家听不听得到我的声音呀，听到的宝宝请在评论区扣个1。"

10.2.5 下播之前，传达信号

当直播即将结束时，主播应该通过下播话术向用户传达信号。主播可以重点从3个方面向用户传达下播信号具体如下。

（1）感谢陪伴。如："直播马上就要结束了，感谢大家在百忙之中抽出宝贵的时间来看我的直播。你们就是我直播的动力，是大家的支持让我一直坚持到了现在。期待下次直播还能在看到大家！"

（2）直播预告。如："这次的直播要接近尾声了，时间太匆匆，还没和大家玩够就要暂时说再见了。喜欢主播的可以明晚8点进入我的直播间，到时候我们再一起玩呀！"

（3）表示祝福。如："时间不早了，主播要下班了。大家好好休息，做个好

梦，我们来日再聚！"

10.3 5种方法，促进销售

主播在销售过程中，除了要把产品展示给用户以外，还要掌握一些销售技巧和话术，这样才可以更好地进行商品的推销，提高主播自身的带货能力，使主播的商业价值得到增值。

由于每一个用户的消费心理和消费关注点都不一致，在面对合适、有需求的商品前，仍然会由于各种细节因素，导致最后没有下单。

面对这种情况，主播需要借助一定的销售技巧和话语来突破用户的最后心理防线，促使用户完成下单行为。本节将向读者介绍几种销售的技巧和话术，帮助大家提升带货技巧，创造直播间的高销量。

10.3.1 介绍产品，劝说购买

介绍法是介于提示法和演示法之间的一种话术。主播可以用一些生动形象、有画面感的话语来介绍产品，达到劝说消费者购买产品的沟通方法。介绍法的3种操作方法如图10-10所示。

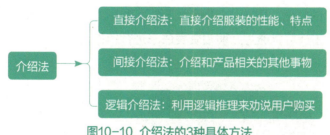

图10-10 介绍法的3种具体方法

1. 直接介绍法

直接介绍法是主播直接和用户介绍、讲述产品的优势和特色，从而达到劝说消费者购买的一种办法。这种推销方法的优势就是非常节约时间，直接让用户了解产品的优势，省却不必要的询问过程。

例如这款服饰的材质非常轻薄贴身，适合夏季穿着，直接介绍服装的优点，

提出产品的优势，或者在直播间标明服装可以用消费券购买，吸引用户购买。

2. 间接介绍法

间接介绍法是采取向用户介绍和产品本身密切相关、其他事物来衬托产品本身。例如，如果主播想向观众介绍服装的质量，不会直接介绍服装的质量，而是采用介绍服装的做工、面料来表明服装的质量过硬，值得购买，这就是间接介绍法。

3. 逻辑介绍法

逻辑介绍法是主播采取逻辑推理的方式，来达到说服用户购买产品的一种沟通推销方法。这也是一种线下销售中常用的推销手法。

主播在进行推销时，可以向用户说"用几次奶茶钱就可以买到一件美美的服装，你肯定会喜欢"这就是一种较为典型的推理介绍，说服力很强。

10.3.2 赞美用户，引导购买

赞美法是一种常见的推销话语技巧，这是因为每个人都喜欢被称赞，喜欢得到他人的赞美。被赞美的人很容易情绪高涨，心情愉悦，在这种心情的引导下很容易发生购买行为。

三明治赞美法属于赞美法里面比较被人推崇的一种表达方法，它的表达方式是，首先根据对方的表现来称赞他的优点；然后再提出希望对方改变的不足之处；最后，重新肯定对方的整体表现状态。通俗的意思是：先褒奖，再说实情，再说一个总结的好处。图10-11所示为三明治赞美法的表达形式。在日常生活和主播销售中，主播可以通过三明治赞美法来进行销售。

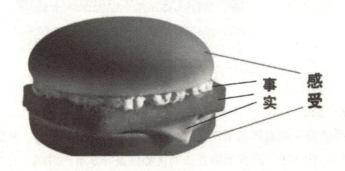

图10-11 三明治赞美法的同理心表达公式

10.3.3 强调产品,大力推荐

强调法,也就是需要不断向用户强调这款产品是多么好,多么适合粉丝,类似于"重要的话说三遍"这个意思。

当主播想大力推荐一款产品时,可以不断强调这款服饰的特点,以此营造一种热烈的氛围,在这种氛围下,粉丝很容易跟随这种情绪,不由自主地下单。主播可以在带货时,反复强调此次直播间产品的优惠力度,例如福利价五折、超值优惠、购买即送某某产品等。

10.3.4 示范推销,亲身体验

示范法也叫示范推销法,就是要求主播把要推销的产品,展示给用户去看、摸、闻,从而激起用户的购买欲望。

直播销售的局限性,使得用户无法亲自看到产品,这时可以让主播代替消费者来体验产品。对于粉丝来说,主播相对更了解产品的风格和款式,由主播代替自己来体验服装,粉丝也更加放心。图10-12所示为介绍法的操作方法。

图10-12 示范推销法的操作

1. 灵活展示自己的产品

示范推销法是一种常见的推销方法,涉及的方法和内容较复杂,因为不管是商品陈列摆放、当场演示,还是模特展示商品的试用、试穿、试吃等,都可以称之为示范推销法。

它的主要目的是希望让消费者达到一种亲身感受产品优势的效果,同时通过把商品的优势尽可能全部展示出来吸引用户。

现在的电商直播都会选择这种方式,对产品细节、美食的口味进行展示。图10-13所示为主播试吃美食产品的直播。

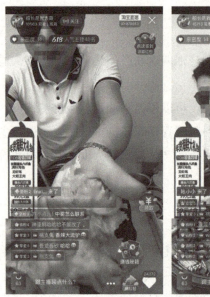

图10-13 主播试吃美食产品

2. 善于演示和讲解产品

对于主播来说,善于演示和讲解产品是非常有用的,毕竟说再多,不如让用户亲自使用一下产品,就像是出售床上用品的商家一样,会创造一个睡眠环境,让用户在床上试睡。

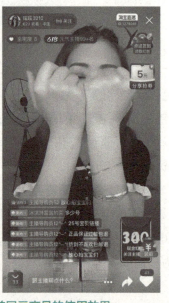

图10-14 主播在镜头前展示产品的使用效果

但直播这种线上销售方式,无法使用户亲自使用,去了解产品。这时,主播就可以在直播过程中,通过镜头灵活地展现产品地使用效果,如图10-14所示。

10.3.5 限时优惠,心理压迫

限时法是直接告诉消费者,现在有某项优惠活动,这个活动到哪天截止,在活动期,用户能够得到的利益是什么。还要提醒消费者,活动结束后再想购买,就会增加不必要的经济支出。

"亲,这款服装,我们今天有优惠降价活动,今天是最后一天了,你不考虑入手一件吗?过了今天,价格就会回到原价,和现在的价格相比,足足多了几百块呢!如果你想购买该产品的话,尽快做决定哦,机不可失,时不再来。"

这种推销方法会给用户有一种"错过这次活动,之后再买就亏大了"的心理想法,同时通过最后的期限,使用户有一种心理紧迫感。

主播在直播间给用户推荐产品时,可以积极运用这种手法,通过销售话术给用户制造紧迫感,也可以在直播界面显示文字来提醒用户。图10-15所示为限时法的展示。

图10-15 直播间限时法的展示

10.4 回答问题，必备话术

了解了直播间的话术的方法之后，本节将总结一些针对直播间观众常问及的问题的解答示范，这样可以更好地帮助主播应对用户的提问，确保直播带货的顺利进行。

10.4.1 ×号宝贝，试用一下

第一个常见的提问为："×号宝贝可以试一下吗？"用户会问这一类型的提问，表示用户在观看时对该产品产生了兴趣，所以提出试用的要求。

主播面对这类提问，可以回答用户的问题，并及时安排试用或试穿产品。例如在某服装直播中，部分粉丝要求主播试穿20号产品。因此，主播在展示完一套衣服之后，便快速换上了20号产品，并将试穿效果展示给用户看，如图10-16所示。

有的产品主播已经试穿或者试用过了，主播可以通过话术引导用户点击商品详情中的"看讲解"，回顾主播试穿效果，如图10-17所示。

图10-16 粉丝提出试穿要求

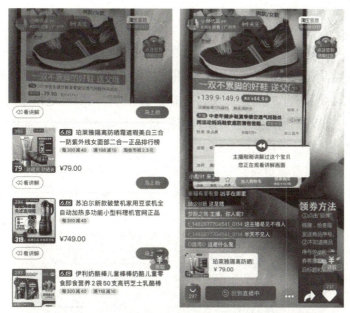

图10-17 "看讲解"回顾主播试穿效果

10.4.2 主播情况，多高多重

第二个常问的问题是问主播的身高以及体重，直播间通常会显示主播的身高以及体重信息，但是有的用户没有注意到，主播可以直接回复用户，并提醒一下页面上方有信息，有其他的问题可以继续留言。图10-18所示为淘宝直播的主播信息。

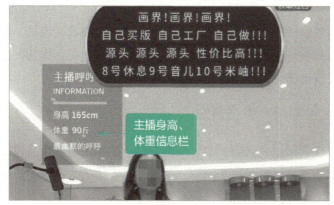

图10-18 主播身高、体重信息栏

10.4.3 产品尺码，是否适用

第三类问题是观众在直播间内问主播"我的体重是××kg，这个产品我适合吗？"对于这类问题，主播可以说需要用户提供具体身高体重信息，再给予合理意见；或者询问用户平时所穿的尺码，例如连衣裙，可以说是标准尺码，平时穿L码的用户，可以选择L码，也可以自行测量一下自身的腰围，再参考裙子的详情信息比对，选择适合自己的尺码。

当然，直播运营者也可以直接在直播间列出尺码参考表，如图10-19所示。当用户询问这一类问题，直接让用户查看尺码参考表就可以了。

图10-19 在直播间列出尺码参考表

10.4.4 质问主播，没有理会

有时候粉丝会问主播为什么不理人，或者责怪主播没有理她，这时候主播需要安抚该用户的情绪，可以回复说没有不理，并建议用户多刷几次，主播就能看见了。没有安抚的话，可能会丢失这个客户。

10.4.5 ×号宝贝，价格多少

用户之所以会问这个问题，主要是因为他（她）没有看商品详情，或者是没有找到商品详情页面。对于这个问题，主播可以直接告知产品的价格，或者告诉用户如何找到商品详情页面。

第 11 章
直播内容,呈现创意

学前提示

直播首先是一种内容呈现形式,因而在内容方面的呈现就显得尤为重要。

那么,怎样的内容才是好的内容呢?对营销方和用户来说,能满足营销方的营销需求和满足用户的关注需求才是本质要求。本章就从直播的内容出发,对直播营销进行阐述。

11.1 内容模式,两个要求

随着直播行业的发展,内容的模式基于企业和用户的需求发生了巨大的变化,这使得直播内容的准备和策划也发生了关注点的转移:要求明确内容的传播点和注意内容的真实性。这样才能策划和创作出更好的、更受用户关注的直播内容。

11.1.1 明确内容,找传播点

相对于最初的直播更倾向于个人秀和娱乐聊天的内容模式,当直播迅速发展和竞争加剧,此时就有必要对直播内容有一个明确的定位,并选择一个可供用户理解和掌握的内容传播点,也就是说,在直播过程中,要有一个类似文章中心思想的东西存在,不能乱侃一气。

直播内容的传播点,不仅能凝聚一个中心,把所要直播的观点和内容精炼地表达出来,还能让用户对直播有一个清晰的认识,有利于知名度的提升。

一般说来,所有的直播都有一个明确的信息传播点,只是这个传播点在界定和选择的方向上有优劣之分。好的信息传播点,如果再在直播策划和运行中有一个明确呈现,直播也就成功了一半。

11.1.2 直播内容,应该真实

直播可以向用户展示各种内容,尽管是通过虚拟的网络连接主播和用户,但从内容上来说,真实性仍然是其本质要求。

当然,这里的真实性是一种建立在发挥了一定创意的基础上的真实。直播的内容要注意真实性的要求,表现在真实的信息和真实的情感两方面,这样才能吸引和打动用户。

作为直播内容必要的特质,真实性在很多直播中都体现了出来。在此以一个户外美食——《一鸣游记》为例进行介绍。《一鸣游记》是由花椒直播上一位名叫"我的老范"的主播推出的节目,主要内容是直播在各地的旅游经历。

这一直播节目不仅会直播出发前往目的地的行进过程,如图11-1所示。还会在直播中展现旅游目的地的风景和人文,如图11-2所示。另外,主播在直播过程中还会描述旅游的所见、所感,能让用户感受到直播内容的真实,就好像自

己也同主播一起经历了这次旅行。

图11-1 直播前往的行进历程

图11-2 直播目的地景观

11.2 内外联系，确定方向

在直播发展迅速的环境下，为什么有些直播关注的用户非常多，有些却非常少，甚至只有几十人？最主要的影响因素有两个，一是对内的专业性，二是对外的用户兴趣。

这两个原因之间有着紧密的联系，在直播中相互影响，互相促进，最终实现推进直播行业发展的目标。下面将对这两个因素分别进行详细介绍，帮助大家更好地确定直播的方向。

11.2.1 从内来看，专业素养

就目前直播的发展而言，个人秀场是一些新人主播和直播平台最初的选择，也是最快和最容易实现的选择。

在这样的直播环境中,平台和主播应该怎样发展,并达到直播内容的专业性要求呢?关于这一问题,可以从两个角度考虑。

①基于直播平台专业的内容安排和主播本身的专业素养,直播主播自己擅长的内容。

②基于用户的兴趣,从专业性角度来对直播内容进行转换,直播用户喜欢的专业性内容。

主播在选择直播方向时,可以基于现有的平台内容和用户延伸发展,创作用户喜欢的直播内容。

在直播中,用户总会表现出倾向某一方面喜好的特点,直播就可以从这一点出发,找出具有相关性或相似性的主题内容,这样就能在吸引平台用户注意的同时,增加用户黏性。

例如,一些用户喜欢欣赏手工艺品,那么,这些用户就极有可能对怎样做那些好看的手工艺品感兴趣,因此,可以考虑推出这方面的有着专业技能的直播节目,实现直播平台上用户的不同节目间的转移。

而与手工相关的内容又比较多,既可以介绍手工的基础知识和历史,又可以教会用户边欣赏边做,还可以从手工制作领域的其他点出发来直播。

11.2.2 从外来看,迎合喜好

直播是用来给用户观看的,是一种对外的内容表现方式。因此,在策划直播时,最重要的不仅是专业性,还有与用户喜好的相关性。一般说来,用户喜欢看的或者说感兴趣的信息主要包括3类,具体如图11-3所示。

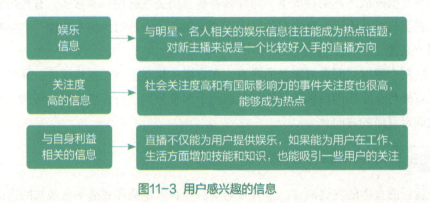

图11-3 用户感兴趣的信息

从图11-3中的3类用户感兴趣的信息出发策划直播内容,这为吸引用户注意力提供了基础,也为直播增加了成功的筹码。

除此之外,还可以把用户的兴趣爱好考虑进去。如女性用户一般会对美妆、美食类的内容感兴趣,而男性用户往往对球类、游戏感兴趣,基于这一考虑,直播平台上关于这些方面的直播往往比较多,如图11-4所示。

图11-4 与用户兴趣爱好相符的直播内容举例

11.3 呈现产品,全面具体

利用直播进行营销,最重要的是把产品尽可能地销售出去,因此,在直播过程中要处理好产品与直播内容的关系。不能只讲产品,也不能一直不讲产品。

如果全程只介绍产品会减弱直播的吸引力,而完全不介绍产品又会忽略营销本质,所以主播在直播时须巧妙地在直播全过程中结合产品主题。

巧妙地在直播全过程中结合产品主题,意在全面呈现产品实体,并鲜明地呈现产品组成,最终实现营销。具体应该怎样做?下面分别进行介绍。

11.3.1　全面呈现，展示实物

要想让用户接受某一产品并购买，首先应该让他们全面了解产品，从直观感受到内部详解。因此，在直播过程中，主播一方面需要把产品放在旁边，在讲话或进行某一动作时把产品展现出来，让用户能看到产品。

图11-5所示为一场关于女士包包的直播。直播过程中，主播将包包进行了实物展示，无论是包包的外观，还是内部的结构，都进行了说明。

图11-5　直播中的产品展示

另一方面，主播需要在直播中植入产品主题内容，或是在直播中把产品的特点展示出来。为了更快地营销，一般还会在屏幕上对产品列表、价格和链接进行标注，或是直接展现购物车图标，以方便用户购买。

图11-6所示为淘宝直播的直播间，直播运营者将商品上架后，用户只需点击左下角的商品链接就可以跳转至购买页面。

第 11 章
直播内容，呈现创意

图11-6 淘宝直播间页面

11.3.2 鲜明呈现，展示组成

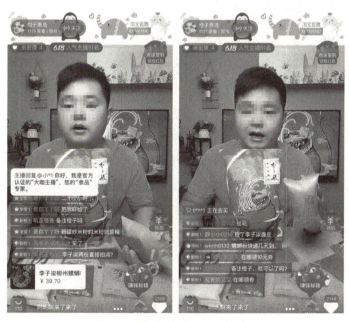

图11-7 在直播中展示产品的组成

187

直播卖货不同于实体店,用户要产生购买的欲望,应该有一个逐渐增加信任的过程。而鲜明地呈现产品组成,既可以全面地了解产品,又能让用户在了解产品的基础上信任产品,从而放心购买。

关于呈现产品组成,可能是书籍产品的精华内容,可能是其他产品的材料构成展示,如食物的食材、产品内部展示等。图11-7为一场销售螺蛳粉的直播。该直播中,主播为了让用户了解每包产品的具体组成,特意拆开了大包装,并对包装中的各小包装进行了展示和说明。

11.4 特点热点,大胆展示

一般来说,用户购买某一产品,首先考虑的应该是产品能给他们带来什么样的助益,即产品能影响用户的哪些切身利益。

如果某一产品在直播过程中所突出体现的产品热点和特点能让用户感到是于自己有益的,就能打动用户并激发他们购买,实现营销目标。因此,在直播过程中,主播要懂得大胆地展示产品的热点和特点。

11.4.1 实际操作,更为直观

在展现产品给用户带来的变化时,直播与其他内容形式最大的不同就在于,它可以清楚、直观地告诉用户肉眼所能看见的变化,而不再只是用单调的文字组成的对改变做出描述的一段话。

虽然,在写作时形容状物、写景写得好,好像把物体和景物真实地呈现在了用户面前。然而,在用户脑海中通过文字描述构筑的画面和呈现在眼前的实际画面还是存在一定的差距。这就是文字与视频的区别。

因此,在视频直播中,利用实际操作把产品所带来的改变呈现出来,可以更好地让用户看到产品的特点、感受产品的真实效果。

这种直播内容的展现方式在服装和美妆产品中比较常见。图11-8所示为涂抹口红实际操作前后效果对比。通过对比,用户可以直观地感受产品的使用效果,而主播可以结合使用体验,将产品的特点告知用户。

图11-8 视频直播中眉笔实际操作前后效果对比

11.4.2 把握热点，占得先机

在网络迅速发展和信息量巨大的环境下，对营销运营人员来说，热点总是与大量的关注和流量联系在一起。因此，策划直播内容时应该准确把握时代热点。

在直播营销中，通过把握热点来创造直播内容包括两个方面，一是找准热点，二是根据热点策划直播，下面将分别进行介绍。

1. 找准热点

热点就是在各个平台、各个领域吸引了绝大多数人关注的流行信息。如每年的6、7月，高考都是一个热点，又如，国庆节也是一个十足的热点。

2019年国庆节为庆祝新中国成立70周年，举行了盛大的阅兵仪式，民众看到了祖国的强大。一时之间，国庆成了热点。许多直播也借助该热点举办了一些活动，如国庆秒杀活动等，这便属于找准了热点的直播。

2. 根据热点策划

在直播内容策划中，抓住热点做直播应该分如下3个阶段来进行。

（1）策划开始阶段。在这一阶段，运营者首先要做的是一个"入"和"出"的问题。

所谓"入",就是怎样把热点切入直播内容中,这需要找准角度,应该根据产品、用户等的不同来选择合适的切入角度。

所谓"出",就是怎样选择直播内容的发布渠道,这需要找准合适的直播平台,应该根据直播内容分类、平台的粉丝数量以及平台特点来选择。可以与游戏结合的产品和直播内容,就应该以那些大型的主打游戏的直播平台为策划点,如斗鱼直播。图11-9所示为能与游戏结合的直播内容平台选择举例。

图11-9 能与游戏结合的直播内容平台选择举例

(2)策划实施阶段。在直播内容有了策划的产品切入角度和合适的平台选择等基础后,接下来就是在上述基础上进行具体的内容准备。首先,策划者应该撰写一篇营销宣传的文案,以便直播营销的更快实现。在撰写文案时,应该抓住热点和用户兴趣的融合点撰写文案。其次,应该从整体上对直播内容进行规划布局,这是根据热点策划直播的主要内容,具体应该注意以下几个方面。

- 在直播中加入引导,巧妙地体现营销产品。
- 主播在直播过程中,应该注意讲述的方式。
- 在直播内容安排上,应该注意讲述的顺序。

（3）策划输出阶段。热点是有时效性的，而直播内容的输出应该在合适的时间点呈现出来，既不能在热点完全过时的时候呈现，因为那时已出现了新的热点，原有的"热点"不再是热点了；也不能在热点还只是萌芽的时候呈现，除非企业自身有着极大的品牌影响力，否则可能因为选择不当而错失方向，也可能是为其他品牌宣传做了嫁衣。因此，直播内容在策划输出时，应该找准时间点，既快且准地击中用户的心，吸引他们关注。

其实，把握热点话题来策划直播内容是一个非常有效的营销方式，具有巨大的营销作用，具体如下。

- 以热点吸引打大量的用户关注，增加直播内容用户。
- 以热点的传播和用户参与来引导产品广泛销售出去。

11.4.3 完美融合，特点热点

上面两小节内容分别提及了产品的热点和特点，在此，将从两者结合的角度来说明产品的直播营销。

在直播营销中，特点和热点都是产品营销的主要元素，要想在市场中实现更好、更快的营销，打造出传播广泛的直播，就应该"两手抓"，实现完美融合。

例如，在三伏天期间，"高温""酷暑"成为热点，从这一角度出发，人们关心的重点是"凉""清凉"等，于是某一茶叶品牌推出了有自身特点的冷泡茶单，帮助人们度过炎炎夏日。

在视频直播中，如果将产品特色与时下热点结合，能让用户产生兴趣，进而关注直播和直播中的产品，并产生购买的欲望。

11.5 提供软需，实现增值

优秀的企业在直播时并不是光谈产品，要让用户心甘情愿地购买产品，最好的方法是提供给他们以软需为目的购买产品的增值内容。

这样一来，用户不仅获得了产品，还收获了与产品相关的知识或者技能。这样自然是一举两得，用户购买产品也会毫不犹豫。增值内容方面应该从哪几点入手呢？笔者大致分为3点：和用户共享、陪伴的共鸣、从直播中学到知识。下面

将分别对这3个方面的增值内容进行介绍。

11.5.1 用户共享，获取好感

如今，共享已经成为信息和内容的主要存在形式，可以说，几乎没有什么信息是以独立而不共享的形式存在的，共享已经成为社会中的人交流的本质需求。

信息共享表现在多方面，如信息、空间和回忆等，且当它们综合表现在某一领域时可能是糅合在一起的，如空间与信息、空间与回忆等。因此，直播也是如此，它更多的是一种在共享的虚拟范围空间扩大化下的信息。

一般来说，当人们取得了某一成就，或是拥有了某一特别技能的时候，总是想与人分享自己的成功或喜悦，共享成了人的心理需求的一部分。而直播就是把这一需求以更广泛、更直接的方式展现出来，主播可以与用户共同分享自己别样的记忆，或是一些难忘的往事等。

当分享与营销结合在一起时，只要能很好地把产品或品牌融合进去，用户会自然地被吸引并沉浸其中，营销也就成功了。

可见，在直播中为用户提供共享这一软需的产品增值内容，可以很好地提升用户对产品或品牌的好感，更好地实现营销目标。

11.5.2 陪伴共鸣，增强黏性

直播不仅是一种信息传播媒介和新的营销方式，还是一种实时互动的社交方式，这可以从其对用户的影响全面地表现出来。人们在观看直播的时候，就好像在和人进行面对面的交流，这就使得用户感受到陪伴的温暖和共鸣，具体影响如下。

①让用户忘掉独处的孤独感。

②让用户有存在感和价值感。

而直播作为一种新的营销方式，如果在其固有的陪伴的共鸣基础上加以发挥，把陪伴的共鸣与产品结合起来，用户也将更清晰地感受到这一事实，这样就能更有效地引起关注和增加用户黏性。

11.5.3 边播边做，传授知识

最典型的增值内容就是边播边做，通过知识和技能的传授，让用户获得新

知。天猫直播、淘宝直播、聚美直播在这方面都做得很好。一些利用直播进行销售的商家纷纷推出产品的相关教程，给用户带来更多软需的产品增值内容。

例如，淘宝直播中一些美妆销售的直播，一改过去长篇大论介绍化妆品的老旧方式，转而直接在镜头面前展示化妆过程，边化妆边介绍美妆产品，如图11-10所示。

图11-10 边化妆边介绍产品

在主播化妆时，用户可以通过弹幕向其咨询化妆的相关疑问，比如"油性皮肤适合什么护肤产品？""皮肤黑也能用这款BB霜吗？""这款口红适合什么肤色"等，主播会耐心为用户解答。

其实，不仅是化妆产品，其他产品的直播营销也可照此进行，就直播主题内容中的一些细节问题和产品相关问题进行问答式介绍。这样的做法，相较于直白的陈述，明显更有利于用户更好地、有针对性地记住产品。

这样的话，用户不仅通过直播得到了产品的相关信息，还学到了护肤和美妆的窍门，对自己的皮肤也有了比较系统的了解。用户得到优质的增值内容自然会忍不住购买产品，直播营销的目的也就达到了。

11.6 其他内容，吸引眼球

除了前面5节讲到的内容，运营者还可以通过其他类型的内容来吸引用户的眼球。这一节就重点为大家介绍其中的4种内容。

11.6.1 用户参与，内容生产

在直播圈中，UGC已经成为一个非常重要的概念，占据非常重要的地位，影响着整个直播领域的内容发展方向。UGC，即User Generated Content，意为用户创造内容。在直播营销里，UGC主要包括两个方面的内容，具体如图11-11所示。

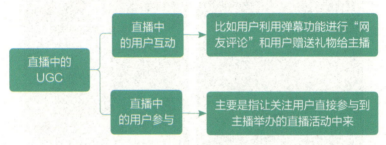

图11-11 直播中的UGC

其中，让用户直接参与到直播活动中，是直播的最重要的元素之一。在直播的发展大势中，让用户参与内容生产，才能更好地丰富直播内容，才能实现直播的长久发展。

要让用户参与到直播中，并不是一件简单的事，要具备必要的条件才能完成，让用户参与到直播中，有两个必备条件，即优秀的主播和完美的策划。具备了这两个条件的情况下，基于直播潮流的兴起，再加上用户的积极配合，一场内容有趣、丰富的直播也就不难见了。

11.6.2 邀请高手，丰富内容

在直播平台，除了那些经过经纪公司专业培训的主播和娱乐明星等的节目外，还有另一类人的直播节目，那就是邀请一些具有某一技能或特色的民间高手来做直播，这也是一些直播在网络上比较火的原因之一。

所谓"高手在民间",在直播平台所涉及的各领域中,现实生活中总会有众多在该领域有着突出技能或特点的人存在,直播平台可以邀请相关人士做直播,这样一方面可以丰富平台内容和打造趣味内容。另一方面民间高手的直播,必然与平台培训的主播和明星直播,无论是在风格还是内容上都是迥然不同的,这必然会吸引平台用户的注意。

在现有的直播行业,无论是知名的直播平台,还是企业自己推出的直播菜单,有许多这样的案例存在。

例如,千聊Live直播平台就有众多民间高手入驻,通过与千聊Live合作推出直播节目,这些节目有付费的,也有开通会员即可免费的,可供有不同需求的用户选择,如图11-12所示。

图11-12 千聊Live直播节目

除此之外,还有一些有微信公众号或电商运营账号的企业或商家,他们大都是利用自身现有的资源来打造直播节目和内容的。虽然他们的直播节目可能存在一些运营方面的问题,但是他们的直播内容是根据自身的实践、思考和感悟来进行的,真实性和趣味性更明显。

另外还有一些知名的品牌和企业,利用各种平台,通过邀请民间高手或艺术大师等进行直播，也是一种打造趣味直播以增加企业和品牌吸引力，从而提升影响力的方式。

11.6.3 CEO上阵，更多期待

自直播火热以来，各大网红层出不穷，用户早已对此感到审美疲劳。而且大部分网红的直播内容没有深度，只是一时火热，并不能给用户带来什么用处。

因此，很多企业使出了"让CEO亲自上阵"这一招。CEO本身就是一个比较具有吸引力的群体，再加上CEO对产品通常都有专业的了解，所以CEO亲自上阵直播会让用户对直播有更多的期待。

当然，一个CEO想要成为直播的主导者，也需要具备一定的条件。笔者总结为3点，如图11-13所示。

图11-13 CEO上阵直播要具备的条件解读

CEO上阵固然能使内容更加专业，可以吸引更多用户关注，但同时要注意直播中的一些小技巧，让直播内容更加优质。

11.6.4 无边界内容，创新直播

直播中的"无边界内容"是一种与传统的内容完全不同的概念，就是说，它是一种创新的概念。

概括地说，"无边界内容"的直播营销，就是在直播中完全没有看到任何与产品相关的内容，但是直播所表达出来的概念和主题等却给用户留下深刻印象，最终促成产品的销售。在传统的广告推广中，无边界内容的表现就有了经典的成功案例。

"无边界"内容指的是有大胆创意的、不拘一格的营销方式。如今,随着直播营销竞争的加剧,企业在进行直播内容创新时,可以考虑多创造一些"无边界"的内容,吸引人们的注意力。

例如,在淘宝直播中有一家专门卖化妆品的商家就十分有创意。该商家的直播内容以《春风十里 不如有你》为题,这个标题很难让人想到这家店铺是为了卖化妆品而做的直播。

很多人都以为这是一个日常的直播,没想到后来竟弹出了相关产品的购买链接,而且直播中还讲了一个"对化妆品专一,对你也专一"的故事,不看产品链接根本无法联想到是化妆品的营销。

这样无边界的直播内容更易被用户接受,而且会悄无声息地引激发他们的购买欲望。当然,企业在创造无边界内容时,一定要设身处地地为用户着想,才能让用户接受你的产品和服务。